创客志

中国创业经典
案例研究

# 高管创业的基因解码

樊建平　张玉利　主编　　杨柳　著

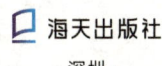

海天出版社
·深圳·

**图书在版编目 (CIP) 数据**

高管创业的基因解码 / 樊建平, 张玉利主编 ; 杨柳著. — 深圳 : 海天出版社, 2018.12

（创客志 : 中国创业经典案例研究）

ISBN 978-7-5507-2512-6

Ⅰ.①高… Ⅱ.①樊… ②张… ③杨… Ⅲ.①企业管理—案例—中国 Ⅳ.①F279.23

中国版本图书馆CIP数据核字(2018)第247325号

## 高管创业的基因解码

GAOGUAN CHUANGYE DE JIYIN JIEMA

| | |
|---|---|
| 出 品 人 | 聂雄前 |
| 责任编辑 | 李新艳　张绪华 |
| 特约编辑 | 薛静萍 |
| 责任技编 | 陈洁霞 |
| 责任校对 | 万妮霞 |
| 封面设计 | 李 礼 |

出版发行　海天出版社
地　　址　深圳市彩田南路海天大厦　（518033）
网　　址　www.htph.com.cn
订购电话　0755-83460239
设计制作　蒙丹广告0755-82027867
印　　刷　深圳市新联美术印刷有限公司
开　　本　787mm×1092mm　1/16
印　　张　12.875
字　　数　128千
版　　次　2018年12月第1版
印　　次　2018年12月第1次
定　　价　68.00元

# 总序

从 2011 年 "maker" 一词被翻译成 "创客" 进入中文，到 2015 年 "创客" 第一次进入政府工作报告，短短几年，创客就从原本的小众文化发展成我国一、二线城市流行文化的组成部分，并且和创新创业联系在一起，形成北京、上海、深圳三大创客文化生态圈。

相信很多人跟我一样，就是在这段时间开始知道创客、认识创客，并且逐渐有了一些了解。让我真正对创客感兴趣，并且想为创客写点儿东西的是国务院总理李克强对创客的肯定。2015 年 1 月 4 日，国务院总理李克强考察深圳柴火创客空间，并且在现场体验之后说："创客充分展示了大众创业、万众创新的活力。这种活力和创造，将会成为中国经济未来增长的不熄引擎。"因为生活在深圳，因为曾经作为记者积累的资源，我有许多机会接近创客群体，对他们了解得越多，我的书写愿望就越强烈。因为我特别希望能把自己了解到的创业故事和创业经验分享给更多不断加入创业大军的朋友们，帮助他们理性创业，在创业初期尽量避免踏入一些"坑"，少走一些弯路。

想不到的是，在深圳，也有人和我一样。2016年，当接到海天出版社的邀请，了解"创客志：中国创业经典案例研究"出版项目的策划思路之后，我既激动又忐忑。激动的是竟然遇到知音，离实现愿望又近了一步；忐忑的是，这是为改革开放四十周年献礼的重要项目，海天出版社从2015年就已经开始酝酿，不知我是否能够胜任。海天出版社的回复让我心安。该项目的两位主编都是"大咖"：樊建平教授是中科院深圳先进技术研究院院长，有"人才伯乐"的美誉，在汇聚高端人才、探索科研体制创新方面有突出成绩；张玉利教授是南开大学博士生导师、教育部长江学者特聘教授，也是教育部高等学校创业教育指导委员会委员，在推动创业研究与教育工作方面颇有建树。此外，知名创客平台中科创客学院也将给予专业指导和资源支撑。如此，后顾之忧少了，我也就鼓足勇气承接了这套丛书的采访和主要撰写工作。

此后，经过将近一年的调研和讨论，这个项目的脉络逐渐清晰，最终确定了欣赏性与研究性共存的编撰理念，既全面展现我国当前的创新创业形态，又集中反映近二十年涌现的创业群体。在此基础上，为了将创业者的经验更科学地归类整理，方便读者各取所需，按照创业主体类型，我们划分出众创空间、明星企业创业、高级知识分子创业、高管创业和草根创业等五类，最后形成五个分册。其中，《创客的梦想家园》对国内外创客空间进行对比研究，总结出我国众创空间的六大模式，重点介绍了十三家知名众创空间；《明星企业的逆袭传奇》介绍了马化腾、陈清州、高云峰、周剑等明星企业家的创业经历和对未来的规划；《从高知到企业家的蝶变》介绍了刘自鸿、盛司潼、汪之涵、黄源浩、陈宁等高层次人才的创业故事，总结出高知创业者死亡陷阱和"六大生存法则"；

《高管创业的基因解码》介绍了唐欣、李建成、古永承等从华为、腾讯、比亚迪、中兴通讯等大型科技企业出来的高管创业者，归纳出高管创业者的"制胜五式"；《草根创业逐梦令》采访了为草根创业者服务的深圳梧桐会负责人苗科学，以及刘培超、黄嵩、汤洋等草根创业者的创业历程，总结了草根创业的四个关键字。

这个项目的采访和撰写时间集中在 2017 年。2018 年 1 月成稿后，因为部分企业又有了新的发展，通过和企业确认，相关信息更新至 2018 年 6 月。唯一更新至 2018 年 10 月的是腾讯创始人马化腾的资料。在 2018 年 10 月 24 日，全国工商联举行新闻发布会，发布由中央统战部、全国工商联共同推荐宣传的"改革开放 40 年百名杰出民营企业家"名单。马化腾入选该名单。

成功的故事人人爱讲，但是如果有人愿意跟你分享经历过的窘境，甚至失败，那一定是对你怀着莫大的信任。很幸运，在采访的过程中，绝大部分受访者都给了我这样的信任。例如，马化腾说，当年在求融资无望的情况下差点儿卖掉 QQ。又例如，优必选创始人周剑说，为了研发人形机器人，卖掉了自己所有的房子和车子。再例如，大族激光创始人高云峰说，最初为了获得发展资金，出让了控股权。因为这样的信任，这套丛书的内容更加精彩，也更具借鉴意义。我发自内心深深感谢这些可爱又可敬的创业者。

在采访、撰写过程中，海天出版社的领导和相关人员也做了大量工作，用一个个振奋人心的消息鼓励我克服困难：2017 年，"创客志：中国创业经典案例研究"出版项目被列入"十三五"国家重点图书、音像、电子出版物规划项目；2018 年，该出版项目获得 2018 年度国家出版基金资助，入选广东省重点出版物暨"百部好书"，同时被列为广东省纪念改革开放四十周年重点选题。在萌生为创客写点儿东西的想法的时候，我从没想到我的愿望竟能以这么华丽的形式实现。我真的非常感谢海天出版社。

我们有幸生长在这样一个美好的时代，我们不能辜负这个时代和机遇。谨以"创客志：中国创业经典案例研究"丛书向这个时代、向每一位孜孜奋斗的创业者致敬。

杨柳

2018 年 10 月 26 日

# 前言

## 高管创业者的制胜五式

在创业大军中，有这样一类人，他们曾在一些企业里兢兢业业地打工多年，做到了高管的位置，月收入不菲，但内心总有不安分的创业冲动，最后他们放弃了打工，携手志同道合的伙伴，走上创业的艰辛道路。

他们既怀有对过去老东家栽培自己的感恩之情，同时也对过去工作过的企业的文化有某种继承和发扬，更多的是基于自我梦想的、在创业过程中实现的宝贵创新和超越。

改革开放40年来，国内成长起一批大型现代企业，华为、中兴、腾讯、比亚迪等名扬四海，而从这些大企业走出来的创业者有哪些共同的成功经验呢？笔者走访了一些典型高管创业者，归纳出了高管创业者的制胜五式。

第一式，心态归零，放下架子和身段。作为选择创业的高管精英，他们过去都曾有过成功的工作经验，享受过带团队的风光以及各种赞誉。然而，要在创业道路上取得被人尊重的地位，先要忍人所不能忍，行人所不能行，做到在行业内有地位、有口碑，才可能得到应有的尊重。所以，高管们要忘掉过去的身份、业绩、荣耀，把创业当作从零起步的全新旅途。高搜易董事长陈康曾担任深国投的高级运营经理，但创业后发现，以前的光环全没了。他曾说："创业后，从甲方瞬间变成乙方，过去只要我把产品做出来，销售部门负责销售，可创业后发现销售工作也要自己干，后面没有强大的平台和销售队伍支撑，从产品设计到销售全是自己的事情。如果创业者走不出过去的辉煌，那么创业就很难成功。高管创业第一条就是要归零。"严挺曾是北京东方开元信息科技有限责任公司执行副总裁、大众点评网首席系统专家，而创办了众享比特之后，为了降低租金成本，没有选择在光鲜的 CBD 办公。他说："如果不务实，怎么能活得足够长呢？我们必须尽可能坚持得更久，让产品尽快成熟，让用户接受我们的新产品。这都需要时间去熬。我们提倡的务实，是抛掉那些浮华和虚荣，只关注最根本的东西。"

第二式，战术先行，活下来是第一要务。创业早期切忌空谈战略和情怀，最怕在虚妄中生活，忘掉企业的使命和责任。企业的第一要务是盈利，只有先摆脱生存危机才有机会谈战略。高管创业者在过去打工的企业中的身份是管理者，只需要做职权范围内的管理工作，而作为创业者就必须盯着公司最紧要的事情。而做出产品、打开市场是创业公司最紧要的任务，因此高管创业者第一个身份往往是产品经理。正如陈康所言："创始人既是最大的产品经理，又是最大的销售员。这与之前做某个部门高管完全不一样，必须脚踏实地解决实际问题。"加号科技的创始人吴今平先从加号财富入手，在 2015 年加号财富就已经实现了过百万元[1]

---

[1] 本书中无特别注明币种的"元"，均指人民币。

的盈利，等公司稳步运转之后，他开始做研发周期更长、定位中小企业的全方位 SaaS[①] 管理系统，这是他的一个梦想。他先利用过去的人脉资源做一款比较保险的互联网金融产品，让企业先活下来，再去攀登更高的山峰，带领企业走向更大的成功。

第三式，融资要趁早，要找"强关系、强认可"的投资商。高管创业者在过去的阶段会积累一些人脉，这样在自己创业的时候就有机会选择"强关系、强认可"的投资商，获得他们的注资，可以说这是一条成功的捷径。2010 年，唐欣宣布成立英威诺，专门开发在手机上做信息和广告分发的新技术和新产品；2011 年，唐欣获得了他在腾讯工作时的老领导、腾讯的五大创始人之一——曾李青 400 万元的天使轮融资。同样的故事发生在李建成身上，2012 年夏天，李建成带着他的创业伙伴段毅和曾熙坐到腾讯的老领导曾李青面前，段毅介绍了房多多的商业模式、核心团队成员情况，仅仅 20 分钟后，曾李青作为天使投资人就决定给房多多投资 600 万元。高搜易董事长陈康也一样——他的天使投资机构是创东方，而创东方董事长肖水龙曾是深国投副总裁，也就是陈康之前的领导，他对陈康非常了解和器重。

第四式，先虑败，后虑胜，"剩"者为王。高管创业者中有一些人在第一次获得投资之后容易自我膨胀，快速拓展业务，最后不得不面临资金链断裂的危险。腾讯曾经的研发人员汪祥斌创办的慧动创想在获得深创投和亚商资本 A 轮投资 5000 万元后，不免膨胀起来，做了很多不切实际的扩展，团队扩张到 150 人，最可怕的是没有做好现金流管理，现

---

① 软件即服务（software as a service）。

金流只有出，没有进。2016年5月，公司出现了非常危险的情况，资金链条很可能出现断裂。为了给员工发工资，汪祥斌抵押自己的房产，然后裁员整顿，努力寻找数据变现的商业模式，到2016年下半年，总算找到了一条生路。经历了这一低谷后，汪祥斌开始深刻反省，于是每个月都关心财务收支报表。在不断的探索总结中，慧动创想的商业模式逐渐清晰起来。这样的危险情况同样发生在陈康身上。高搜易创办不到一年就获得3000万元天使投资，陈康迅速扩展团队，结果到了2014年年底，连挺过春节都很艰难，需要众筹几百万元度过年关。陈康后来痛定思痛，决定要在盈利模式上下功夫，先完成企业盈利的使命。

第五式，持续创新，是创业的最佳利器。这是每位高管创业者都适用的法则。古永承在创办中兴物联的起步阶段，先以通信模块为主业，2014年推出业界最薄TD-LTE模块；2016年，与高通、中国电信共同发布全网通模块ME 3630。同时，中兴物联加紧布局加密手机、卫星手机以及车联网产品多条产品线，2016年在国内率先推出地面全网通和卫星手机的"二合一"新品。2016年，中兴物联的销售收入达到5.8亿元，45%的销售收入来自海外市场。作为一名极客创业者，众享比特的创始人严挺非常讲究技术的创新性，同时，他注意兼顾用户对新技术的接受程度，针对不同用户提供不同的区块链技术产品，这也是一种创新思维的体现。只有懂得创新的企业，才有生存发展的机会。

每个企业的成功其实都源于不同形式的创新，不仅仅是产品本身可以创新，销售渠道、推广方式、企业组织形式等各方面皆可创新。每个成功的企业都是一系列成功创新的成果，正是这些创新使企业的战斗力倍增，在竞争中脱颖而出。

高管创业者由于拥有丰富的职场经验、积累了宝贵的行业与人脉资源，因此在创业的时候凭借开阔的眼界、科学系统的管理经验、创新实干的精神，就更容易取得成功。

# 目录

## 唐欣：移动新媒体的一匹黑马

创办深圳市英威诺科技有限公司（简称"英威诺"）的腾讯系创业者唐欣是移动新媒体领域迅速崛起的一匹黑马。英威诺推出的"派媒体"内容智能分发解决方案成为国内多家主流手机厂商默认的手机信息流业务标准。目前，英威诺已完成近2亿元的战略融资，产品日活跃用户超过2000万。

在很多腾讯人的眼中，唐欣一直是一个传说中的人物——曾任职腾讯移动通信部经理，26岁便出任腾讯副总

唐欣（左二）与公司合伙人

裁。2010 年，他创立了英威诺并任职 CEO①。后来英威诺获得光线传媒与华晟资本的巨额投资，并且开始了全球范围的新媒体布局。

### 腾讯江湖上还有他的传说

互联网上流传这么一句话："荣誉的最高境界——你已远离江湖，江湖还有你的传说。"唐欣离开腾讯已经超过 10 年了，

---

① 首席执行官（Chief Executive Officer）。

但在大多数腾讯老员工心目中，唐欣一直是一个非常了不起的人。从 2001 年底加入腾讯组建移动通信部，到 2006 年他离开腾讯，这几年是腾讯无线增值业务增速最快的时期。他参与开创了无线增值业务，并因此为腾讯上市立下汗马功劳，也因此，他在 26 岁时便出任腾讯副总裁。

鲜为人知的是，唐欣去腾讯工作之前，曾在华为工作了 3 年。北京交通大学无线通信专业毕业的唐欣，1998 年加入华为营销系统。勤奋而聪明的唐欣很快得到华为管理层的赏识，但在华为庞大而成熟的体系里，唐欣很难按自己的想法做一些事情，也难以进入公司核心高管层。

2001 年的一天，腾讯的 COO<sup>①</sup> 曾李青通过猎头公司找到唐欣，希望他加入腾讯。唐欣回忆："曾李青非常有激情，思维敏捷，他热切地鼓动我出来做移动增值的业务，未来会很有前途。当时华为的办公环境很好，待遇也不错，而腾讯还在赛格科技园 2 栋的厂房一样的楼里办公，周围环境拥挤不堪，但看到腾讯团队年轻且富有激情，我果断做出了决定，放弃了华为领导提拔我的机会，正式离职。我到腾讯接到的第一个任务就是搭

_____

① 首席运营官（Chief Operating Officer）。

建移动通信部门，负责把 QQ 搬到手机上。"

　　24 岁的唐欣身上早已注入了华为人的"狼性"，工作非常有冲劲。他到腾讯后提出的第一个建议就是腾讯若要开展移动业务，就要贴近移动运营商，在大的片区组建分支机构。于是，腾讯在很多地方组建片区，与当地运营商深入合作，各地运营商纷纷拿出营销资源，向用户提出每个月包月费 5 元，可以享受移动 QQ 业务的增值服务。仅仅半年，腾讯靠这项业务快速实现了盈利。"当时，曾李青带着市场人员疯狂地奔波于各地移动公司，一家一家地洽谈开通移动 QQ 的业务和签订合作协议。曾李青在办公室的墙壁上挂了全国地图，每签下一个地方就标记出来，我们就好像是在跟时间赛跑。"2004 年 6 月，腾讯在香港正式挂牌上市。当时，移动增值业务约占腾讯总营业额的 80%。

　　唐欣的第二个重要建议是腾讯与手机厂商直接合作，把增值业务直接内置到手机。腾讯高层采纳了这个建议。唐欣让公司建立了两支队伍，一支负责与手机厂商洽谈合作业务，另一支则与手机厂商逐一开展联合研发，做手机 QQ 的移植对接工作。很快，移动 QQ 业务成为中国移动推出的"移动梦网"最大的增值业务。

随着无线通信技术的发展，手机不断升级换代。2004 年，手机上出现了智能操作系统，人们流行用短信与 QQ 互动。在 2.5G 网络技术背景下，WAP[①] 业务迅速上升。为了做好"WAP QQ"产品，腾讯成立了"3G QQ"团队，负责人就是唐欣。当时唐欣已经升任腾讯副总裁，他向公司提出要一支 30 人的队伍来做这个新产品，但公司只给他提供了 15 人的配置。最后，他硬是带领这十几个人做出了腾讯的 WAP 门户"wap.qq.com"，直接淘汰了当时比较火爆的竞争对手"3G 门户"，并且一跃成为移动梦网中流量最大的门户。

"不论是 WAP QQ 还是彩铃业务，腾讯都是后来居上。为什么我们能打胜仗？这是因为我们团队有超强的执行力，就如打仗冲锋的时候我们有必胜的信念。"唐欣回忆起一件关于开拓彩铃业务的往事：某省移动公司要招标彩铃业务，而当时唐欣还没有拿到任何关于音乐版权的授权，但他带领十几个腾讯员工直奔该省移动公司去投标，一行人身着整齐制服，精神抖

---

① 无线应用协议（wireless application protocol）。

掀，给该省移动公司工作人员的第一印象非常好。就在正式投标的前一天晚上，香港 EMI[①] 才把音乐版权的授权书扫描传真给唐欣，这时他才算拿到了授权。最后，唐欣团队在这次招标中一举中标。此后，腾讯彩铃业务全国开花，做得非常出色。

那几年，腾讯业务发展非常快，唐欣的能力也获得了极大的锻炼，他亲自带队打造了移动互联网业务最初的业务模型，移动互联网业务贡献了腾讯上市初期 80% 以上的收入。2006年，由于一个特殊原因，唐欣离开了腾讯，带了几位兄弟开始了独立创业的尝试。

### 看似失败的经历也是一笔财富

唐欣带着一起离开腾讯的那几位兄弟来到北京，在那里开始了人生的第一次创业——是做与音乐相关的事情。"与不熟悉的合伙人合作，做自己不熟悉的业务，半年以后就与合伙人分手了，兄弟中有的留在了北京，最后我们只有 3 个人原路回到了深圳。"

---

① 百代唱片，原名电子与音乐工业（Electric and Musical Industries）公司。

　　2007 年，唐欣反思第一次创业的教训，知道找靠谱的合伙人是多么重要。后来，他碰到了老罗，合伙做个性化定制电商业务，当年就获得 150 万美元投资。唐欣负责商务关系与市场营销，依靠过去积累的人脉，签约了很多互联网渠道，专门给互联网用户提供个性化印制商品。很快，第二笔投资300 万美元也到位了。但没想到这个业务虽然看上去毛利高达50%，其实并不赚钱，因为当时网上支付环境不成熟，货到付款的成本很高，积压的退货又无法再次销售，于是团队考虑转型做跨境电商与网络代购。

　　就在这个时候，家里传来一个不幸的消息——唐欣的父亲得了癌症，需要唐欣陪伴治疗。就在创业的节骨眼儿上，唐欣决定以陪伴老人为先，把公司的经营权以及股份全部都交给了同事们，自己回到老家，守在父亲病榻前。一辈子教书育人的父亲，这个时候被肝癌折磨得非常消瘦，每天来探视他的学生与亲友络绎不绝。

　　2009 年的春节前夕，唐欣领着妻儿在家里做大扫除，消瘦的父亲就静静地躺在床上，望着做大扫除的儿子，眼里满是眷恋和不舍。春节过后没多久，父亲就走了。

"以前不懂得丧父之痛究竟有多痛，直到失去才会明白。父亲在我们家族里德高望重，他永远是我的楷模。父亲培养了我乐观、向上、担当的品格，让我更宽容地对待许多事情。父亲走过许多路，才让我少走很多弯路。父亲为我撑起一片天，他走了，一定是相信我能独自面对这一切，所以我要把责任、爱、善良传递给我的孩子，传递给更多的有缘人。"为了安慰母亲，唐欣带着妻儿陪伴了母亲一年。

在唐欣看来，有的失去，是永远的失去，如父亲的走，是那么突然，甚至来不及多挽留一天；而有的失去，却意味着重新开始，如他的第二次创业。他放手的时候是为了尽孝，当再次出发的时候，他选择了另外一个切入口。

"大学毕业后，我一直非常忙碌，在工作上拼尽全力；父亲走后，我长时间地在思考生与死、得与失。父亲的去世让我觉得活着很重要。对于家人，活着就是一件好事情，活着的每一天都要把每一件事情做好，尽自己的责任，就不枉过这一生。"在这一年多时间里，唐欣的思想明显成熟多了，他知道，如果再次出发，将与过去的两次创业完全不同，不论是初心，还是对成功的定义，都有了本质的区别。

## 《默多克传》与新媒体梦

"默多克这个澳裔美国人看似离我们十分遥远，其实却时刻在我们身边：我们每天看的西方新闻、美剧、好莱坞电影，其中许许多多都由他在操纵，我们要去了解点儿外部世界，实际上都要通过默多克之手。即便是近年来让我们大开眼界的'狗仔队'、花边新闻一类的东西，默多克也是此道的鼻祖。这个执掌着世界最庞大新闻网的传媒巨鳄以他所认知的新闻方式，改变了传统的新闻理念，也左右了我们的视听——在美国，默多克拥有几大报纸、无数小报和排名第四的电视网，并有自己专属的电影制片厂；在英国，40% 的报纸都属于默多克的新闻集团，默多克还拥有覆盖欧洲的天空电视台；在拉美，默多克通过卫星播送 150 套节目；甚至在中国，也有 3500 万个家庭可以通过卫星收看到默多克的电视节目……可以说，在当今世界，默多克的影响无处不在，他所操纵的各式各样的媒体正成为人们接触外部世界的耳目，几乎形成了信息垄断。"

在老家休假的唐欣捧读着一本闲书——《默多克传》。就是这本传记，给了唐欣再次创业的巨大启发：默多克之所以成功，是因为他抓住了从纸媒到电视媒体过渡的这个巨大产业机会，而我们这个时代是从电视媒体到互联网媒体过渡的时代，同样孕育着无比巨大的产业机会。过去，唐欣对媒体一直心存敬畏，如今他开始了更深层的思考：手机上能否做媒体属性的业务呢？比如信息分发和广告。

在移动互联网环境下，唐欣认为，新媒体有两个特征：第一，对用户来讲，你要有让用户获取信息的更高效率，这个过程中需要用到智能推荐技术；第二，所有内容信息环节都需要用户参与互动。

在唐欣眼中，互联网业务天生自带媒体属性。区别于传统媒体，新媒体时代的广告模式是互动和大数据。通过场景的整合以及互动技术和智能推荐技术，新媒体和实体经济能够实现更好的融合。

## 打造一个好玩的媒体空间

2010 年，唐欣宣布在深圳成立英威诺，专门开发在手机上做信息和广告分发的新技术和新产品。2011 年，从老家只身返回深圳的唐欣正式接管公司的经营业务，立即获得了在腾讯工作时的老领导曾李青的 400 万元天使轮融资。

　　唐欣回忆，英威诺最开始是与手机厂商合作，给手机预装一个应用程序需要1元成本，几百万元最多就只能获得几百万个用户，肯定不能持续性地这么烧钱。2013年，英威诺与酷派大观4合作，进入国内一线智能手机市场，而且这个时候英威诺开始将"派媒体"直接内置到手机系统，并置于手机负一屏。英威诺因此迅速获得投资商的青睐，2014年获得达晨与复兴A轮融资3000万元。接着，英威诺在华为、联想和TCL的手机上陆续展开深入合作，"派媒体"用户数急速攀升。

　　在2015年4月，在全球移动互联网大会（GMIC）现场，唐欣的"解图时代的五维媒体之路"主题演讲引起了广泛关注，尤其是到场的媒体人纷纷对"五维媒体"的新提法表示认可。那究竟什么才是"五维媒体"呢？

　　唐欣说："今日头条等产品是四维媒体，而英威诺是五维媒体。四维媒体比传统三维媒体多了智能的概念，基于智能进行推荐。五维媒体比四维媒体，多的一维是融合——英威诺深度结合手机厂商、传统媒体、自媒体等合作伙伴，通过不断推出的创新的产品形态，来给用户打造一个好玩的媒体空间。"

　　他解释，以产品最新的功能"咔一咔"为例，当用户使用产品的照片扫描功能能拍明星的海报，就会获取明星的最新推广视频；如果用户拍的是杂志的某一页，例如《行走的初夏》那篇文章，就会出现该杂志《行走的初夏》H5 活动页面，让原本静态的杂志动起来；如果你拍某一段视频的画面，则会出现画面中明星的简介，甚至是电商同款链接。在未来，深挖图像识别并与用户属性相结合，就会有更多更有趣的使用场景，给用户"所见即入口"的体验。

唐欣这样描述英威诺未来："目前，英威诺的内容分发解决方案能够覆盖的用户数已经超过 8000 万，日活跃用户数超过 900 万，每天分发的信息条次超过 10 亿。这个过程中，互联网用户的黏性和活跃性其实是非常高的。在未来，我们会持续做一些技术上的创新，与传统媒体进行深度融合，帮助它们转型成为新媒体——能够实现 O2O[①] 服务分发的新媒体。同时，对于 O2O 服务的广告主来讲，我们希望通过智能推荐技术，通过用户深度互动的互动娱乐引擎，给广告主带去更好的广告分发效果。我们会打造自己的媒体生态圈，让用户真正参与话

---

① 即线上到线下（online to offline），将线下的商务机会与互联网结合，让互联网成为线下交易的平台。

题原创，参与话题策划传播以及事后分享。我们相信，在未来，信息将和 O2O 深度整合，每一条信息可能都是一个 O2O 服务的载体。"

在资本市场中，资本是嗅觉灵敏的狼，英威诺之所以能受到投资商垂青，必定有它的独特价值。2015 年，英威诺推出了五维媒体"小知"。"小知"很快获得了光线传媒和华晟资本的融资。这两大资本注入的不仅是资本，还有各方面的资源支持。

## 在媒体变革飓风中的新角色

唐欣认为，未来是万物皆媒体，万物为自己代言，只要能承载信息的东西都能成为媒体，英威诺的产品当然也有强烈的媒体属性。

从发展格局看，传统媒体的受众规模不断缩小，越来越多的人通过新兴媒体获取信息。从信息消费趋势来看，碎片化、移动化、社群化、精准化成为用户信息消费的典型特征。媒体行业正在飞速地变化，传统媒体也已经开始转变，例如《南方都市报》也推出了"智能推荐"的 iPaper。

在媒体变革飓风中，英威诺实际上扮演了两种角色：一种是新媒体平台，与媒体进行全方位合作，聚合海量信息，为用户提供更丰富的资讯，创造更好的体验；另一种是解决方案提供者，"派媒体"解决方案可以植入所有的终端和应用程序，帮助合作伙伴实现产品和服务的延伸，提高用户黏性和变现收益。

2016年，英威诺开始频繁而有力地进行海外布局：3月，推出印度版本的新闻资讯聚合客户端"Hotoday"；8月，推出印尼版本的新闻资讯聚合客户端"Mata"；9月，推出墨西哥版本新闻资讯聚合客户端；10月，推出阿根廷版本新闻资讯聚合客户端；11月，推出智利版本新闻资讯聚合客户端；12月，推出哥伦比亚版本新闻资讯聚合客户端。英威诺已经成为拉美地区最大的移动端媒体平台，每天在这个地区有150万人通过英威诺的各个产品高效获取包括新闻在内的各种信息。

英威诺的产品每天为数千万的用户提供智能的信息推送服务，日信息分发量达10亿次。唐欣笑容灿烂地说："我喜欢挑战，喜欢压力，没有压力会感觉无聊，也许我天生就应该承担更多的责任。"

## 【创业心路】

## 做的决定越痛苦，结果可能越正确

唐欣

我是从腾讯出来持续创业 10 多年的"老企鹅"，回首创业历程，我有一个感悟，就是做的决定越痛苦，结果可能越正确，很容易就做出的决定，可能是错误的。

先说两个小故事。第一个痛苦的决定是在英威诺获得 A 轮融资之前，公司已经烧光了全部的钱，我要决定是否给公司贴钱。我思考后决定卖一套房，给公司账上打了 200 万元，支撑业务发展。第二个痛苦的决定是在英威诺还没有获得 B 轮融资的时候，我要决定是否花 400 万元作为顶级赞助商参展全球移动互联网大会，后来我决定花这笔钱，并且在全球移动互联网大会上发布英威诺的愿景。结果证明我的这两个决定都是正确的。

创业者要善于和敢于做出痛苦的决定，这需要心量和胆识。投资者为什么要投资我们，就是看中我们本身对项目的未来有坚定的信心。如果我们自己对未来的投入都缩手缩脚，没有信心，那怎么可能获得投资商的青睐呢？

我的妻子曾问我："我们为什么要创业？创业之后，钱少了，房子少了，每天还特别辛苦。"我说："我不需要每一刻都有那么多钱，但我需要明天的自己比今天的自己好一点儿，创业是追求内心成长的过程，是自我的一场修炼。"

## 【 创业法则 】

## 创业需要尽最大努力和考虑社会价值

回想创业生涯，关于创业，唐欣最强调的还是"努力"和"社会价值"："现在很多的媒体曝光会给大家一种有的人轻轻松松就能成功的错觉，其实成功是绝对离不开努力的，特别是战略上的努力；另外，创业一定要注意社会价值，自己的项目能够为社会带来什么积极的改变，这是创业者需要思考的。英威诺的定位就是用技术实现人与信息更加高效和有趣地连接和互动，为内容发布者提供系统解决方案，向全世界传播丰富多样的信息和更多的正能量。"

不论是在腾讯负责搭建移动通信部门，还是自己创业，唐欣都非常有冲劲。应该说，他是一个非常努力的人，尤其是在企业面临重大抉择的时候，他竭尽全力去解决，一定要面向未来做决策，这就是他说的"战略上的努力"，因为公司最大的事情只能由创始人自己决定、自己去扛住那山一样的压力，他无法逃避，甚至无人可问。他之所以能扛住，是因为他相信自

己的梦想，坚持创业的初衷，就是他所说的"社会价值"。他
坚信，英威诺可以传播更丰富的信息和正能量，可以给社会带
来积极的改变。说到底，创业就是尝试实现自己的梦想，这个
过程要付出很多，没有人能随随便便成功。

## 【人物档案】　📍　唐欣

　　唐欣，深圳市英威诺科技有限公司 CEO。1998~2001 年任职于华为市场营销系统多个关键职位；2001~2006 年任腾讯移动通信部总经理、公司副总裁；2010 年创立深圳市英威诺科技有限公司。

## 李建成：做一个快乐的行走者

　　腾讯创始人之一曾李青的天使投资、万科老将肖莉的加盟、嘉御基金董事长卫哲的投资背书，以及创立 3 年就遥遥领先同行的交易额，C 轮数亿美元融资带来的 15 亿美元的估值……近两年来，房多多在房地产和互联网界掀起了沸沸扬扬的"声浪"。

　　这样一个发展异常迅猛的企业却出奇低调。而负责对外宣传工作的竟是公司的 CTO[①]——李建成。这位研发经验非常丰

---

① 首席技术官（Chief Technology Officer）。

富的湖南籍小伙子面对媒体时仍会显得羞涩，说话却非常真诚：
"房多多的多位高管都曾在戈壁上行走过上百公里。在戈壁上
能够坚持走或跑 100 多公里的人，一定是有目标、愿意付出
的人，所以团结和平等的体育精神正是我们公司的精神底色。"

## 我想改变这个行业

1999 年，李建成来到深圳，进入知名通信公司 UT 斯达
康从事研发管理工作，主要负责通信网和业务网的研发管理。

2005 年，李建成加入腾讯，担任深圳研发中心总经理，
负责公用基础技术、新业务的开发。"那时候，腾讯一共才
1400 多人，我本来是学无线电通信技术的，属于传统行业，
可我内心对互联网技术很感兴趣，就想加入一家优秀的互联网
企业学习。我很感恩腾讯给了我一个事业的平台和看世界的机
会，在腾讯工作 5 年，我个人的能力得到很大提升。"

2007 年，李建成进入中欧 EMBA① 学习，遇到了一位非
常有思想的小伙子——段毅。他们当时要准备 2009 年 5 月的

---

① 高级管理人员工商管理硕士（Executive Master of Business Administration），学员为较
大规模企业的现职高层管理人员。

戈壁挑战赛，任务是 4 天在戈壁上徒步 100 多公里。

"在准备这个挑战赛的过程中，我和段毅结下了深厚的情谊，彼此之间产生了很强的信任感。"李建成一说起戈壁挑战赛，表情就丰富起来，"段毅 2002 年因为踢球认识了一个好朋友——曾熙。后来，曾熙成为段毅事业上的搭档，也是房多多的联合创始人之一。曾熙也参加过戈壁挑战赛。万科老将肖莉也曾是戈壁挑战赛的最早参与者，所以整个公司就有了崇尚健康、运动、平等、团结的体育精神。"

行走在一望无垠的戈壁上，李建成时不时会感到焦虑。他在腾讯工作了几年，后来在腾讯学院担任顾问，但他内心隐隐有独立创业的冲动。而此时的段毅更是心事重重。因为从 2008 年开始，他所从事的房地产行业变化剧烈。

"互联网改变了很多行业，唯独没怎么改变房地产，我想改变这个行业。"段毅把心中的苦恼向李建成倾诉。李建成说，当时他也不知道段毅想怎么改变，但他表示，如果再搞一款游戏肯定干不过腾讯。那时，两人对未来房地产该何去何从还没有清晰的想法，但一致认为，房地产与互联网结合将是最大的机会，互联网对传统行业的重塑是有很大作用的。

2011 年 10 月，段毅、曾熙、李建成在深圳汇景豪苑小区租了一间民房，房多多就此诞生。三位联合创始人——两位房地产业内资深的传统企业人和一位拥有 BAT 背景[①] 的互联网人——在创业初期即坚定地明确了方向：用移动互联网技术解决房产交易链上每个环节的痛点。

"最初半年，我们非常艰苦，薪酬很低，没有乱花钱，而是想着如何把事情做起来。"李建成说。经过半年的摸索，创业方向基本清晰了：帮开发商带来精准增量客户，帮经纪人提升效率，用互联网做 B2B[②] 平台，形成一个三方共赢的商业模式。

## 线上产品 + 线下服务

国内房地产销售的基本划分是：新房由开发商在售楼处销售，代理公司提供策划促销服务；二手房由大大小小的中介公司、经纪人收集服务半径内的房源信息，并负责销售。而借助二手房经纪人来卖新房，其实就是 21 世纪初已经零星实践过

---

① 互联网行业中指有百度、阿里巴巴、腾讯的工作背景。

② 即企业对企业（business to business），指企业与企业之间通过专用网络或 Internet，进行数据信息的交换、传递，开展交易活动的商业模式。

的"一、二手联动"销售模式。

但这种销售模式体现在互联网产品上应该是什么样子呢？

李建成说，段毅和曾熙有多年房地产行业的工作经验，对市场痛点的理解格外深刻，因此对产品应该是什么样子，他们能有准确的定位。

在B2B的大框架下，房多多应用程序首先是一个信息平台，展示真实、全面的开发商房源信息；其次，它是一个交易平台，帮助中介公司在上面购房。所有交易的环节都被搬到了房多多系统中，每个环节都会产生信用和积分。

这与开淘宝店的逻辑是一样的，效果也一样——中介公司的服务半径扩大了，还可以做增量，包括卖新房；开发商免去了很大一笔推广费用，只需要按效果付费，即成交之后，房多多从交易中抽取佣金，其中大部分会分给经纪公司。

房多多的小伙伴们欣喜地发现，多赢模式由此建立，市场逐渐被打开。2012年2月，房多多的产品开始推向市场。段毅和曾熙从熟悉的苏州出发，一口气将产品推广到10个城市。当年平台交易额就是多个城市的行业冠军。

李建成说，房多多创始团队执行力非常强，一方面在市场上不断拓展，寻找新的突破机会，另一方面在研发上不断迭代，开发更适合用户需求的产品。

模式是试出来的。曾熙在重庆带着二十几个人的团队，一个星期就把山城"扫"了一遍，第二个星期就是经纪人注册和培训，让经纪人学会使用房多多的应用程序。

李建成就好比后方的补给队队长，对产品要全权负责，对前方提出的各种需求要迅速组织人员攻关，进行迭代开发。传统经纪人在使用应用程序的过程中也会有很多抱怨：这个功能不好用，那个功能浪费时间。一旦有这样的反馈，李建成7天之后一定推出新版本。这是一个互相磨合的过程，但最后所有的流程都在应用程序上得到梳理。

"我们不断地尝试，思考什么形式的产品更好用。不是每次创新都是有效的，有的尝试也会失败。"李建成坦诚地说。

在推进的过程中，李建成根据销售部门的经验不断丰富产品中的工具，比如早期的房拍拍应用程序，相当于经纪人专用的美图秀秀，给房子拍艺术照。再比如服务开发商的精准营销应用程序"房点通"，服务经纪人的应用程序"新房经纪人"和"二手房经纪人"，服务业主和买家的应用程序"房多多"，这些应用程序都是房多多的系列产品。

"我们认为，'线上产品＋线下服务'合在一起才是真正的O2O产品。"李建成说。房多多的产品要解决两个问题：一是信息不对称导致的资源错配，二是重构行业价值链条让多方共赢。李建成解释，为了确保交易的安全性，房多多推出交易保险产品；为了提高交易的效率，房多多要给客户提供更多匹配的房源信息，让经纪人付出的劳动获得更多回报；为了改善线下用户体验，房多多给经纪人和买家提供敞亮、舒适的交易服务中心，由置业顾问提供专业服务。房多多平台也试验过，只

房多多创始人团队：曾熙（左）、段毅（中）、李建成（右）

要买卖双方达成一致，买家可以直接联系到业主，实现买家、卖家、双方服务人员四方在线，买卖双方可以在完全透明的场景下完成整个交易，重构二手房交易场景。同时，房多多设立了线下交易服务中心，交易中心的交易专家、法律专家等可以为用户提供包括从签署定金协议到网签合同、申请贷款、产权过户等一站式透明交易体验。2016年6月，房多多推出了"置业专家"服务，帮助买卖双方进一步了解市场行情和交易现状，必要时提供谈价服务。为了保障交易安全，房多多还推出了"16大交易保障险"，从真实场景出发，其险种贯穿了整个交易环节，全方位保障用户的交易安全。

房多多运用先进的大数据技术把移动互联引入传统产业的核心环节，颠覆了传统房地产电商的广告投放模式，重新培育行业生态结构。这正是房多多模式与其他电商模式的最大区别：不卖广告，服务交易；也不是淘汰谁，而是各方都能从中找到位置。在这样的模式下，房多多的现金流也一直为正。

目前，房多多下设两个中心，分别是设于深圳的研发中心和设于上海的运营中心。研发中心充分发挥深圳 IT 技术高地的优势，搭建以用户为核心的高效线上平台。运营中心立足华东，在中国房地产发展最具空间、目前城市活跃度最高的长三角地区实践最高标准的房地产交易线下运营体系。

## 最好的互补型组合

李建成回忆，房多多在融资方面一直比较幸运，但从来没有乱花钱，在现金流比较健康的时候所获得的融资大多用于新产品的创新，所以房多多有 300 多人的技术团队，这是很了不起的。

创业一年后，2012 年夏天，李建成、段毅和曾熙三人坐到腾讯五大创始人之一——曾李青面前。李建成说："那时候，曾李青已经从腾讯离开了，后来从事投资工作，他是一个豪爽大气的人，对我也很关心。我从腾讯出来后，曾总问我有什么想法。我们在公司逐渐摸清楚方向之后，就去找曾总。"仅仅谈了 20 分钟，曾李青就给房多多投资了 600 万元。

2013 年夏天，鼎晖投资领投，房多多 A 轮融资 5000 万元。

2014 年 7 月，卫哲领导的嘉御基金对房多多进行了 B 轮投资，投资 5250 万美元，房多多估值已达数亿美元。李建成回忆，在投资前夕，卫哲给房多多三个创始人上了一整天的课，

"主要是结合他在百安居、阿里巴巴的工作经验，给我们讲解平台运营思路和理念，如何制定平台的规则，如何激励平台上的各个参与方。他有特别好的建议，这堂课让我们受益匪浅"。

2015 年 7 月，方源投资对房地产行业互联网化的方向认识很深刻，决定以 15 亿美元的估值给房多多投资 2.23 亿美元。至此，房多多顺利完成了 C 轮融资。

李建成说："房多多融资比较顺，一方面是投资人看好这个创业方向，另一方面也是对我们团队的认可。"

在卫哲看来，房多多的创始团队堪称"最好的互补型组合"：段毅善战略，担任 CEO；曾熙重执行，担任 COO；李建成精于技术，担任 CTO。他们有各自的行业积淀，又是拥有相同价值观的中欧 EMBA 同学，一上阵就具备了协作的基因。卫哲曾评价房多多很注重股权、期权的分享，"他们的期权池是我们基金目前的项目里最大的"。

此外，合伙人制度也让房多多逐渐健康壮大：万科原副总裁肖莉离开万科加盟房多多，成为团队核心成员，负责财务及金融产品和运营管理；段毅为了吸纳曾为谷歌的产品经理、后离职创业的崔崧，不惜重金收购其创业公司的整个团队；曾是百度架构师的张松波，以普通工程师入职房多多一年以后，因为工作出色而成了房多多的合伙人。目前，房多多已形成由13个合伙人组成的决策委员会，各自分管不同业务。

"合伙人制度对我们企业成长很有帮助，也符合我们企业文化开放、包容、平等、团结的诉求。"李建成说，平等体现在很多地方，比如在房多多，不论是段毅还是肖莉，都没有自己独立的办公室，都是与普通员工一样坐卡座。

李建成说，如果没有2009年的戈壁大徒步，也许还没有机缘遇到一起创业的伙伴段毅，而戈壁行走又恰恰让他们发现彼此具有相同的文化价值观和自我驱动的能力。

段毅更是为自己取了"阿甘"的花名。电影《阿甘正传》里，阿甘花了3年多的时间穿越美国，只因为"我想跑步"。段毅和房多多已经准备好进行一场更艰难的长跑。

琼英·卓玛有一首梵语歌曲，叫《行者》，歌词大意是：
前行，不倦地前行；
用心去走每一步，
我的生命就有了意义；

在路上，上天赐我甘露；

在我的内心深处有个声音在回响；

让我每走一步都得到升华。

在花的眼里，荆棘和花一样；

我心向往幸福，也想要所有人得到快乐；

我是个行者，

穿越江河也穿越雷雨风暴，

还有这世上的路，

这世上的路，这……

这不正是李建成他们的写照吗？他们是快乐的行者，行走在创新的大道上，不管有多少艰难险阻，他们都乐此不疲，勇往直前。

## 【创业心路】

# 创业犹如戈壁行走

李建成

　　房多多的创始人都曾在戈壁上行走过上百公里，都知道戈壁行走的一个诀窍，那就是：一个人可以走得很快，一群人可以走得很远。

　　创业也是一样。一个人决策更快，更加高效；但要做成一件大事情，一群人、一伙人才能走得更远。因为一个人的成长肯定是有瓶颈的，而团队创业则恰好能够互补，这样企业的成长就不会受制于一个人的瓶颈，这是创业的理想模式。我们一直不断地邀请优秀人才加盟房多多团队，也就是这个道理。为了走得更远，我们需要一大群人一起走。

　　我认为，创业应该是一件快乐的事情。因为只有快乐、好玩的事情，才能持久地做，才不会厌倦。我们喜欢戈壁行走，因为是做喜欢的事情，就不会觉得苦和累。不管是千里黄沙，还是风尘扑面，我们都乐在其中。创业也是一样的，一定要快乐，才能坚持。

**【创业法则】**

# 模式是试出来的

商业模式是否成立，取决于公司的产品是否满足客户的需求，如果能够满足，客户愿意付费，那么就证明模式成功了。

对此，李建成冷静地说，模式是试出来的。

房多多这个"试"的过程包括：曾熙在重庆带着二十几个人的团队，一个星期就把山城"扫"了一遍；经纪人的注册和培训，让经纪人学会使用房多多的应用程序；前方提出的各种需求李建成会迅速组织人攻关，迭代开发新产品；传统经纪人在使用应用程序的过程中会有很多抱怨，针对反馈的问题，李建成7天之后一定推出新版本。

这是一个互相磨合的过程，但这个过程帮助房多多不断地尝试、思考、改变，运用先进的大数据技术把移动互联引入传统产业的核心环节，颠覆了传统房地产电商的广告投放模式，重新培育行业生态结构。

**【人物档案】** 📍 李建成

　　李建成，房多多联合创始人、CTO。1999 年进入 UT 斯达康从事研发工作，2005 年加入腾讯，后任腾讯深圳研发中心总经理。2011 年参与创办房多多。

## 【人物档案】 📍 段毅

　　段毅，房多多联合创始人、CEO。毕业于苏州科技大学房地产专业，中欧国际工商学院EMBA。传统房地产业与互联网业融合的领军者、中国房地产互联网化的探索者与实践者。2014年荣登《创业家》杂志"十大年度创业家"榜单。

## 【人物档案】 ◎ 曾熙

　　曾熙，房多多联合创始人、COO。毕业于苏州科技大学房地产专业，中欧国际工商学院 EMBA。著名房地产营销专家、房地产互联网创新营销实践者。

# 古永承：多次转型成长为物联网“小巨人”

　　正如古永承自己所言，“转型”是他 20 年工作履历中的关键词，从技术型人员转为销售人员，从区域经理转战全局性的品牌管理工作，再到创办深圳市中兴物联科技有限公司（简称“中兴物联”）。

　　从青涩到成熟，这一路走来，古永承收获的不仅仅是创业的成功，还有丰富的人生阅历和感悟，他说：“创业过程对我来说更像是一场心灵修炼。”

## 三大法宝和新的思考

1997年，古永承从成都电子科技大学通信工程专业毕业，非常幸运地进入中兴通讯成都分公司工作，最初是做技术支持，工号是"1373"。他见证了中国通信企业走向世界、发展为国际第一阵营巨头的过程。在他心里，中兴通讯的发展历程是一部创新史，只有不断地开拓创新才能永葆中兴的活力和兴旺，对创新的执着追求也是他日后当企业"舵主"的一种基本信念。

"我刚工作的时候，国内通信产业还是'七国八制'[①]的时代，'巨大中华'[②]四家国产品牌千方百计要替代洋品牌。那个时候中兴通讯员工才1000多名，销售额不到10亿元。经过十几年的发展，中兴通讯员工有10万之众，销售收入超过1000亿元，而我非常荣幸亲历了这一过程，也清楚地认识到，中兴、华为能成为国际通信产业第一阵营巨头有三大法宝：第一是坚持高新技术的持续投入，产品过硬；第二是营销模式不断创新，贴近用户的需求；第三是注重激励机制与人才培养。这三大法宝，我在日后创业过程中也特别注意继承和发扬。"

---

① 指20世纪80年代，我国程控交换机市场被七个国家的八种设备垄断。

② 即巨龙通信、大唐电信、中兴通讯、华为技术的简称。

古永承说。

2002 年，古永承被调到中兴通讯昆明分公司担任总经理。"云南是老少边穷地区之一，如何把销售工作做好？我重点关注战略布局和维护与高层客户的关系，当时提出交换、传输、接入产品全面开花，小灵通和手机的新市场不断突破，最终在两年时间里拿到了中兴通讯的年度营销大奖。"

年轻有为的古永承凭借勤奋、拼搏，给中兴通讯高层留下了良好的印象。2004 年，他被调往上海分公司担任总经理，全面负责销售工作。"我是西南人，对于能否在华东地区一线城市站稳脚跟，我内心还是相当忐忑的。"古永承回忆，尽管有所顾虑，他仍保持饱满的激情投入新的市场拓展工作中。两年时间里，他把中兴通讯的软交换、IPTV<sup>①</sup> 等新产品成功推进上海市场，2006 年再次夺得中兴通讯营销大奖。

"我做了 4 年的销售，一方面感受到大时代背景赋予我的机遇，另一方面也时刻问自己：你准备好了吗？你最终想要去哪里？"古永承是一个善于反思的人，他在上海分公司的业绩

---

① 交互式网络电视。

非常出色，特别是在当年中国电信提出"转型"的背景下，紧密结合上海电信作为中国电信龙头的情况，系统性引入"中兴新技术、管理经验与上海电信的技术和思想系列专项研讨会"的创新之举，让集团领导认识了这个与其他分公司总经理不一样的"小古"。

然而，从事一线营销工作必须长期和客户频繁地交流，古永承对喝酒比较怕，但他更怕的是而立之年的自己是否可以长期保持每年从零到任务完成的状态。

新的思考就这样诞生。

### 既有使命感，也有紧迫感

2006 年，中兴通讯进行内部管理体制的重大变革，把已经实行了 8 年的产品事业部体制按照平台和功能划分，改为七大体系，包括市场体系、研发体系、生产体系等。此次变革加强了中兴通讯的集团化管理和 MKT 体系建设，更好地布局国际化。凭借在营销区域的业绩和在上海市场开拓的不凡业绩，古永承被调回深圳总部，负责全球品牌工作。这是古永承在中兴通讯工作时间最长的一个岗位，负责全球媒体关系建设、手机品牌和系统品牌塑造和专业展会、论坛等统筹事务，并担任中兴通讯"新闻发言人"。

古永承非常珍惜在镁光灯下担任新闻发言人的工作岗位，虽然个人收入相比做销售时少很多，但他认为这是站在集团的高度参与全球市场，视野得到了开阔，个人能力也可以得到更全面的锻炼和提升。在此期间，他带领中兴通讯登上全球通信的主流舞台，包括西班牙巴塞罗那展和美国 CES[①] 等海外高端论坛，和凤凰卫视阮次山先生"高峰对话"，2008 年与北京奥运会同期举办了"中兴通讯 1 亿只手机下线仪式"的发布等，经过一系列精心策划和推广，中兴通讯的品牌价值得到巨大提升。

让古永承刻骨铭心的是 2008 年汶川地震。当时他 3 岁的女儿还在成都。地震发生后，他与家人曾一度失去联系，心中无比焦虑。当妻女第二天平安来到深圳后，古永承毅然跟随中兴通讯 200 多人的队伍飞到四川灾区。他是负责现场新闻宣传的指挥长。当时堰塞湖情况危急，中兴通讯派出"敢死队"

---

① 国际消费类电子产品展览会（International Consumer Electronics Show）。

队员及时抢通了小灵通的基站。

古永承感慨地说："中国通讯企业的员工与解放军战士一样，在国家最困难、最需要的时候，我们就在灾区现场。黄金72小时，如果我们的通信网络早一个小时抢通，无数的生命就有机会得到更快的救援。那时，我更清楚地知道自己的小目标，就是与中兴通讯共同成长，我既有使命感，也有紧迫感。"

## 更大的挑战

2013年是古永承在中兴通讯工作的第十六个年头，在这一年他获得了一个全新的机会，组建中兴通讯在物联网领域的全资子公司——中兴物联。相比过去的岗位，这是一次负责全面经营的工作，具有更大的挑战性。

中兴物联成立之初，人员是由中兴通讯4个部门凑来的110名员工组成的。当时唯一的产品是通信模块，这是第一个批量进入国内电力抄表市场的产品。古永承当时面临团队融合和产品创新两大难题，他决定先以通信模块为主业，再布局新的产品和市场。

古永承非常重视产品的技术创新，在模块系列产品上不断推陈出新：2014 年，推出业界最薄 TD-LTE 模块；2015 年，发布全系列 LTE 模块产品；2016 年，与高通、中国电信共同发布全网通模块 ME 3630。古永承说，LTE 模块还有巨大的增长空间，根据 TSR[①] 预测，2015 年到 2020 年，预测蜂窝 M2M 模块应用的主要垂直市场分别是智能交通、远程监测与控制、智能电表、安防以及移动支付，总量从 9800 万片增长至 1.9 亿片。

对于拥有多年销售经验的古永承来说，销售工作已经驾轻就熟，市场拓展却需要不断摸索。2013 年，中兴物联在国内率先推出 LTE 模块，通信模块累计发货超过 2500 万片，第一年在销售通信模块上就实现了 1.47 亿元的销售收入。从 2015 年年底开始，中兴物联持续参与中国电信组织的面向集团内部政企、多个重点省份、广州研究院等的物联网培训；结合电信的物联网政策，与电信联合发布定制 LTE Cat1 模块、LTE Cat4 模块等产品；与电信集团、重点省公司、物联网公司等合作，以电信模块最大发货量获得中国电信颁发的"2016

---

① 东京商工研究公司。

2016 年 11 月，中兴物联荣获中国电信
"2016 年度物联网最佳合作伙伴奖"

年度物联网最佳合作伙伴奖"。

同时，中兴物联加紧布局加密手机、卫星手机以及车联网产品多条产品线。2014 ～ 2015 年，加密手机取得了稳定收入，卫星手机的研发也走在全国的前列。2016 年，中兴物联在国内率先推出融合了地面全网通和卫星手机的"二合一"新品。

古永承自信地说："我们建立了以产品经营团队为核心，以市场驱动研发的经营模式，确保了我们的市场订单和研发投入紧密结合，投入产出比最大化，这对初创型公司来说非常关键。"

古永承在推动产品创新、扩大销售的同时，加紧团队融合的步伐，一方面重视员工能力提升和人才培养，通过全方位、多渠道培养员工，使员工快速成长；另一方面，制定新的股权激励机制，股权覆盖了公司六成左右的员工，极大地激发了员工的工作积极性，提升了公司的凝聚力和战斗力。

## 没有金刚钻，不揽瓷器活

最让古永承自豪的是，中兴物联成为国内首家与国际车联网市场多维度合作的厂家；而且，2016 年中兴物联的销售收入达到 5.8 亿元，其中 45% 来自海外。古永承曾三赴美国，迎难而上，终于让中兴物联的技术成果在美国市场上落地开花。

2015 年 11 月底，美国 T-Mobile[①] 的 OBD II RFP[②] 项目进入到关键技术和商务评标阶段，由于美国客户首次招标此类产品，对产品价格的预期与实际开销差距较大。古永承利用丰富的谈判经验和精准的市场判断，与客户周旋，最终与客户达成一致，双方都得到满意的结果。

---

① 一家跨国移动电话运营商。

② Ⅱ型车载诊断系统。

2016 年 8 月底，OBD II RFP 项目的研发进入最关键的时刻，若研发改版失败，项目将面临延期的风险。在客户及项目团队忧心忡忡之际，古永承带队到西雅图，一方面与客户高层和项目团队深入交流，梳理瓶颈问题并提供解决方案，承诺按时交付，提升客户对企业按时完成项目的信心；另一方面，为一线项目执行团队加油打气。项目最终于 10 月 28 日交付，为其在美国最大销售季"黑色星期五"前顺利上市奠定了基础。

2017 年 1 月，古永承带队参加美国最大的电子消费展会 CES 时，中兴物联遇到物料瓶颈。一方面，古永承向客户坦承物料周期等客观因素导致交付进度不理想，获得客户理解；另一方面，向客户承诺后续提升产能并对瓶颈物料加大备料规模，赢得客户的信任，为第一季度持续获得订单奠定了坚实的基础。

第一次赴美用谈判技巧征服客户，第二次赴美靠技术攻关展现企业实力，第三次赴美虽遇到物料瓶颈，却能以真诚赢得客户的信赖——古永承这位来自中国深圳的企业家凭借智慧、诚信、务实的形象彻底征服了美国重量级大客户。

古永承笑言："正所谓'没有金刚钻，不揽瓷器活'，我们

**2017 年 1 月，古永承参加美国 CES**

的车联网产品满足欧美高端市场对车载智能硬件的要求，在美国适配了 4000 多种车型，适应性很广，能满足欧洲高端客户对尺寸、PIN 脚①智能配置、电压、协议等的综合要求；产品还提供 JAVA②的应用环境，并对第三方开发者提供包括 J2534 以及各类 API③，能够调用智能 OBD④的各种功能，并提

① 指引脚。
② 一种可以撰写跨平台应用程序的面向对象的程序设计语言。
③ 应用程序编程接口（application programming interface）。
④ 车载诊断系统（on board diagnostic）。

供第三方开发者应用的OTA①升级通道和机制。在同类产品的性能指标和用户体验的测试中，中兴物联均排名第一，所以才能拿到运营商的大笔订单。"

## 新东家高新兴

自2013年成立之后，中兴物联以每年30%的速度增长，2016年销售额达到5.8亿元。在高速增长的背后，古永承加快了引入投资方的步伐，在2016年年底成功引入高新兴科技集团股份有限公司（简称"高新兴"）的投资。

在物联网快速发展的浪潮下，物联网企业纷纷引入投资方，促进公司的壮大与长远发展。2015年年底，中兴物联走过了两个年头，在物联网领域小有名气，架构均衡，产品热卖，业绩良好，这个时候需要更多资金才能确保其未来在行业内更有作为。中兴通讯内部拟定了第一批冲击新三板的三家企业，中兴物联是其中之一。借此机会，古永承一方面按照第三方审计师的要求对公司进行规范化管理，另一方面完成了股份制改

---

① 空中下载（over the air）。

造，员工持股 10%。通过路演等方式近距离接触资本市场后，古永承了解到企业的自身价值，开始积极接触各资本方及战略投资者，不断与投资者沟通与联系，并推荐中兴物联，尽力向潜在投资者展示中兴物联的雄厚实力与物联网的良好发展前景。"2016 年 8 月 25 日，中兴通讯发布了'M-ICT2.0'战略，基于自身的发展战略考虑，拟出售中兴物联的股份。中兴物联由此走上了引进新的投资方的道路。"古永承坦言。

中兴物联最终得到了战略投资方高新兴的认可，2016 年 11 月，高新兴与控股股东中兴通讯及努比亚签署股权转让协议并举行签约仪式。

那么，高新兴这个新东家对古永承意味着什么呢？

高新兴以通信监控设备起家，是国内优秀的公共安全整体方案提供商和跨系统平台的智慧城市运营商，此次通过资本并购，参与了中兴系两家子公司——中兴智联和中兴物联的并购，形成了公共安全事业群及物联网事业群两大业务体系的创业板上市公司。

曾有经济观察人士分析，在国内外市场，中兴物联 2016 年有 45% 的业绩来自海外市场，此前高新兴的产品一直没有出过国，未来则可以以物联为基础，建立海外销售平台；而在国内市场，高新兴和中兴物联的协同性较好，主要客户是铁塔公司和运营商。

从公司层面看，这是双赢的结果。从个人层面看，中兴物联员工持有了高新兴的股票。"未来3年，只有我们完成了高新兴规定的经营目标，才有把股票变现的可能，所以如今全体员工士气高涨，企业发展势头十分喜人。"古永承乐观而欣慰地说。

一份长达十几年的中兴通讯高管履历对于一位四十出头的创业者来说，不能不说非常需要，他的思维模式、人脉圈子都有浓厚的中兴通讯的影子。但这并不妨碍古永承独立思考、开拓进取。他带着中兴人特有的激情、务实，将中兴物联带到新的境界、新的高度，"希望把在中兴通讯学到的企业经营理念很好地传承下去"。

【创业心路】

## 怀一颗感恩的心闯天下

古永承

　　我属于典型的大企业高管内部创业。对我来说，历练是一个自我完善的过程，我感恩身边的每一位导师，我是怀一颗感恩的心闯天下的。可以说，要是没有领导的信任和提携，没有同事们的鼎力相助，就不可能有我如此顺利的创业历程。

　　我在中兴通讯工作了十几年，几乎每隔三五年就要换一个岗位，而这一路上都有贵人相助。所谓"贵人"，就是在关键时刻给予你帮助的人。在每个阶段，我都遇到很好的领导。好的领导会看重属下的努力和付出。这些领导给予我充分的信任，给予我及时的点拨，感谢他们在我还年轻时就提供负责一省业务的干部职位，给我成长的磨炼。还有，我非常感恩同事们真心实意地支持我。我还清楚地记得在做销售的时候，团队精诚配合，一起对大客户攻关；在汶川大地震现场，兄弟们争先恐后进"敢死队"去现场抢修；在做品牌时，多个部门协同宣传中兴通讯的成长事迹。深圳市新闻办、深圳市科技局等政府部门对我们企业的认可和帮助，我都时刻铭记于心。

中兴物联成立以来发展势头喜人，这是全体员工一起努力奋斗的结果，所以我特别注意培养手下的年轻人，就像当年领导培养我一样，给予大家成长的机会，希望将来他们回顾这段经历能感受到中兴物联给予他们的成长和锻炼机会。我们一起艰苦奋斗，也将一起分享成功的果实。

**【创业法则】**

## 身先士卒才能打胜仗

创业者必须是行动派，不能是观望派，这是创业者与企业高管的区别之一。在重大机会面前，创业者必须身先士卒才能打胜仗，才能把哪怕只有 10% 的希望变成 100% 的现实。

曾在中兴通讯担任重要职务十几年之久的古永承很好地诠释了这一点。无论是负责销售工作还是进行市场拓展，古永承都保持勤奋、拼搏的干劲。

为了与美国 T-Mobile 成功合作车联网产品，古永承三赴美国。第一次是为投标，第二次是为解决技术攻关难题，第三次是为物料瓶颈公关。不论遇到什么样的难题，作为企业领头人的古永承都积极地面对、解决。

每一位优秀的创业者都应该是行动派，珍惜每一个机会，在关键时刻能够使出浑身解数解决问题，不会容忍自己在机会面前不作为、不承担，也不会轻言放弃、轻易投降。

【人物档案】 📍 古永承

　　古永承，毕业于成都电子科技大学、香港理工大学，高新兴科技集团股份有限公司执行副总裁，曾任深圳市中兴物联科技有限公司董事、总经理。广东省物联网协会专家委员会成员、深圳市青年科技人才协会常务副会长、成都电子科技大学深圳校友会副会长。获得第八届中国行业信息化奖项评选活动颁发的"2016 年度中国物联网领域领军人物奖"和"2018 年度中国 TMT[①] 行业领秀榜"盛典颁发的"2017 年度物联网领军人物奖"等。

---

① 数字新媒体产业。

## 陈康：从重症患者到创新金融领军人物

　　深圳市高搜易网络科技有限公司（简称"高搜易"）的董事长陈康是一个传奇人物：一方面，他患有"不死的癌症"——强直性脊柱炎，曾经有一段时间全身浮肿，甚至无法站立行走；另一方面，在他的带领下，高搜易仅用三年半就获得五轮风投，从一个以100万元起步、在一间简陋办公室开始的创业小公司，成长为混合所有制的创新金融平台领头羊之一。

　　陈康说："好运只是外人看到的表象，背后那些流血、流汗的付出才是赤裸裸的真相。"

## 这场病让我彻底改变了

人前的陈康，谈笑风生。很难相信，他曾经饱受病痛的折磨，几近崩溃。他说："这场病让我彻底改变了，尽可能地把强烈的求生欲望转化成能量，可以让自己变得很强大，可以战胜很多困难。"

他在中国人民大学商学院读大三的时候，浑身关节开始间歇性疼痛，被确诊为强直性脊柱炎（简称"强直"）。医生给出的治疗方案是"终生服药"，即使如此，也可能无法避免瘫痪的命运。

经过非常痛苦的思考，陈康决定与当时的女友分手，并对家人和朋友隐瞒，选择自己一个人扛。大四那年，他通过了注册会计师考试，以优秀毕业生和优秀社会活动奖的"双优"成绩毕业，最终选择到深圳发展。

2007年春天，陈康来到华润深国投信托有限公司（简称"深国投"）实习，实习3个月，合格就可以转正。没想到由于气候差异，病情突然加重，陈康全身浮肿，各大关节的韧带都已钙化，每活动一下就如同针刺一般，连穿袜子都异常艰难，几乎丧失生活自理能力。

实习结束前夕，负责考核的部分领导认为陈康的病情会影响工作和公司形象，建议不予转正。这种声音很快成为公司决策层的主流声音。陈康给深国投人事处和董事长写了一份言辞诚恳的保证书，为不影响公司形象，他愿意从事中后台部门工作，并且保证不因身体原因影响公司工作进度，同时承诺如不能胜任工作，公司可以立即辞退他。陈康的保证书引起了董事长的关注，董事长愿意给他这个工作机会。

面对突如其来的疾病，陈康从来没有放弃。他曾打过一个比喻，得病后的生活就好比把自己与一头饥饿的狼关在同一个笼子里，从此人狼共舞。通过不断研读各种病例，与许多病友交流，向一些民间老中医讨教等方式，陈康慢慢总结出抗病的"九字真言"——畅心志、重食疗、勤锻炼。几年下来，虽然病痛从未间断，但陈康已经练就一身本事，可以把疼痛如一日三餐一样当成习惯，喝中药跟喝茶一样，还可以品出熬制的火候。他常常疼得脊背冒冷汗，却还能与人谈笑风生，身体的病痛从不外露。

## 一个惊人的决定

转为深国投的正式员工后，陈康非常珍惜这个工作机会，4年里没有因为身体原因请过一天假，连续3年获得"优秀员工"荣誉称号，每年都提级加薪，并一度在公司360度评分中独占鳌头。

"我去了中后台部门，负责业务流程的梳理和再造。领导只是告诉我要'上系统'，至于搞成什么样的系统，没有明确指示。我于是就拿鸡毛当令箭，把这件事情做了整整4年，带队攻克了公司整条业务线的流程再造和系统化、自动化，人均效能提升了20多倍。"陈康自豪地说。

其实，梳理与再造流程是苦活、累活，还要得罪人。因为人们都习惯了过去的流程，现在要重新改造流程，势必要改变习惯，触动利益，引起一些人的不满。陈康一边向各个部门取经学习，一边按照"对事不对人"的原则，说服各个部门配合和协助，最后硬是把内部流程全部梳理完毕。而与外部合作机构也是要做大量沟通衔接的工作，陈康从一本通讯录入手，把券商、银行、私募基金、投资顾问等单位的经理、老总都找出来，把流程和业务结构一一梳理对接好。4年下来，他带团队为深国投建立了估值核算系统、交易系统和运营系统。

工作繁琐而紧张，可陈康非常享受这个过程。不知不觉，他比业务部门还懂业务，比销售部门更懂销售。在这个过程中，陈康既锻炼了沟通协调能力，又积累了金融领域的各种人脉，收获很大。

这期间，病痛一直困扰着陈康。尤其是 2007 ~ 2008 年，他常常连过马路都要一点一点地挪半天。有个同事一直陪陈康上下班，陈康说："你不要扶我，不要把我当病人，不要惯着我，你只要在一旁看着我不摔跤就行。""当时就怕摔倒，其他都不怕。我就凭着这股倔强硬是把病魔给吓倒了。"

就是这样不屈的精神让陈康在人生十字路口的抉择上做出了一个惊人的决定。2011 年，陈康正值人生中的最好时光：他已经能够与病魔和谐相处；工作正值上升期，领导同事对他很认可，也非常关照，在金融行业里也积累了一些人脉。然而，按部就班的生活方式让陈康感觉恐慌，他抑制不住内心的焦虑，决定放弃年薪数十万元的安逸生活，寻找新的挑战。

"因为这场大病，我对时间更加珍视。我不知道自己还能活多久，我把每一天都当作生命的最后一天来度过。我每天睡觉之前就祈祷，希望自己能看见第二天的太阳；因此我绝对不允许自己平庸地度过余生，那么就要好好折腾一番。"陈康回忆说，当时身边的亲友都极力反对他离开深国投，因为身体原因，留在这样一个稳定的工作单位应该是他最好的选择。

可他，偏不！

## 想借助互联网做点儿事

经过与深圳几家民营资产管理公司深度接触后，陈康选择了一家已进入上市流程的金融控股集团，担任产品开发部总监一职，从中后台部门跨到了前台部门。为公司研发金融产品，对接各种合作机构，亲自攻坚销售渠道——在交通极度拥堵的北京，陈康马不停蹄，一天拜访8家机构，其所在的产品团队一度成为公司的销售冠军。

一年半之后，公司业务逐渐走上正轨，陈康因在业务理念上与老板有冲突，再次离职。陈康说："我在这个平台上践行了自己的一些想法和规则，而这对自己创业有很大帮助。"

2013年9月，陈康遇到了做IT的高中同学高啸和后来的合伙人林政、韦添誉，初创的团队就这么形成了。陈康说，当时他们还没有互联网金融的概念，只是在传统金融无法突围的情势下，想借助互联网做点儿事，等到进入行业，发现互联网金融已经如火如荼。

那一年，整个信托、资管行业出现了坏账潮、兑付、跑路等问题。"我们想让胆大妄为者受到惩罚。但是，这是一件很难的事情。"

陈康最初的想法比较模糊，想做金融领域里的大众点评或者天猫，通过互联网、大数据来重塑规则。"所以高搜易的名字里有一个'搜'字，我们一开始做金融产品垂直搜索引擎，帮助客户更好地甄别产品、机构，不至于上当受骗。"陈康的团队把这个产品做出来的时候，有人告诉他，这个就是互联网金融。在不经意间，高搜易抓住了2013年互联网金融元年的尾巴。2013年11月，一个新的创业公司——深圳市高搜易信息技术有限公司诞生了。陈康说："我们在留学生创业大厦租了200平方米的办公室，几十个人挤在里面办公。"

2014年8月，深圳市创东方投资有限公司（简称"创东方"）向陈康伸出了橄榄枝，高搜易以近乎奇迹的速度获得了3000万元的天使轮融资。

"当时，投资人的附加条件是：资金进来以后，我们必须形成线上交易模式的闭环。"陈康介绍，在意识到盈利模式的问题后，高搜易开始降低门槛，从高净值客户转战到互联网客户，从信托发行市场转战二手信托流转市场。2014 年年底，高搜易推出了"信托宝"，将高净值客户的流动性需求和互联网客户的理财需求进行结合，成功将信托理财互联网化，实现 10 元也能享受信托的高收益与高安全性，并以 8% ~ 12% 的稳健收益受到热捧，在行业中引起很高的关注。信托宝推出的第二天中午，在百度的搜索结果就超过 140 万条。

2015 年 6 月，高搜易的商业模式获得肯定，成为入选深圳市发展和改革委员会战略性新兴产业发展专项资金扶持计划的唯一一家互联网金融企业。2016 年 3 月，高搜易成功完成 8000 万元 A 轮融资。纯草根创业的高搜易成功蜕变，成为行业内罕见的由两家国资背景机构投资的民营金融机构。

"其实，在创东方天使轮投资到位后，我们进入一个迅猛拓展期，钱很快就烧光了，但新的投资商还没有找到，结果 2014 年年底发工资也成问题，我只好在朋友圈发起众筹，筹到 500 万元，总算过了年。"陈康轻描淡写地说，像是在说别人的故事，"2015 年年底还是这样的情况，新的投资没有进来，钱没有了，我们几个股东又东拼西凑，弄了 500 万元，过了春节。一直到 2016 年 3 月，A 轮融资完成，我们的现金流才充足，才脱离险境。现在回想创业头两年，是典型的'花钱赚吆喝'，没有形成好的商业模式，而我们现在终于可以自豪地说，商业模式清晰了。高搜易 2016 年年底实现了盈亏平衡"。

高搜易 A 轮融资发布会

## 全新的模式：买方付费

2016 年 5 月，高搜易集团全资子公司高搜易资本完成在中国证券投资基金业协会登记备案，正式获得私募基金全牌照管理资格。

而早在 2015 年 8 月，高搜易推出的理财师展业平台"掌富宝"就以 B2B2C[①] 模式，建立庞大的理财师库，再通过独立理财师，成功连接高净值投资者。

2016 年 9 月，高搜易成立孵化财富管理上下游企业的财富管理产业基金——汇富云基金，投资财富管理公司和线上导流平台，并为投资的财富管理团队提供统一风控、品牌输出、产品运营、结算系统等，整合各类金融机构。

高搜易已经形成集资产管理、财富管理、科技金融、互联网黄金为一体的综合金融服务平台，投资者群体也基本能够覆盖机构投资者、高净值投资者和互联网小额理财用户。其中，资产管理负责整个集团的金融产品定制；科技金融是整个集团的信息集成提供方，进行技术研发输出，还可以提供孵化器和

---

① 即 business to business to customer，是一种电子商务类型，第一个 B 指商品或服务的供应商，第二个 B 指电子商务企业，C 指消费者。

加速器的功能；财富管理是以加盟、收购、合资的模式，对整个财富管理行业进行统一的品牌输出、产品输出、风控输出、系统输出、结算输出。

陈康从容地说："我们还引进风投参股、合作，打通财富管理行业的信息通道，解决当前行业信息孤岛现象严重的问题。当前财富管理行业还是'卖产品'的模式，这是很不'健康'的。我们要推买方付费模式，这是一个全新的模式，是颠覆性的，从业人员与财富管理公司从雇佣关系变成独立理财师模式。另外，高搜易资本这个板块计划于 2019 年在香港上市。"

## 心系"强直"病友

强直性脊柱炎被医学界称为"不死的癌症"，医学界尚未找到具体的致病原因及有效的治疗方法。一直以来，"强直"群体并未受到社会太多关注，而且该疾病也未被列入重大疾病范围。

多年来，陈康一直心系"强直"病友。早在深国投上班的时候，陈康在工作之余就在"AS-SKY"风湿论坛上发表一些治病的经验和感悟，用自己的言行去激励病友坚持下去。"在这个论坛里，每周都有病友了结自己年轻的生命。我一直希望病友能更坚强些，用强烈的求生欲望战胜病魔。"

2015 年 10 月，陈康通过中国华侨公益基金会发起成立强直性脊柱炎专项公益基金——易康公益基金，这是全国首个以"强直"患者群体为帮扶对象的专项基金，旨在通过物质支持、精神鼓励，让更多的人关注和帮助"强直"群体，使他们重燃生活的信心。

"只是 2015 年的时候我们还很弱小，只能通过精神上去援助他们。当时我结合自己的抗病经历提出了'唤醒、重燃、传递'的救助理念，希望他们首先能够在精神上坚强起来。2016 年，随着公司的壮大，我们在全国各地救助了一些'强直'病友，帮助他们完成了髋关节置换手术。"2017 年，陈康在公司乔迁庆典上说，易康公益基金还将通过募捐的形式进一步扩大对"强直"病友群体的援助，未来将加大医疗资助的力度，以有序、透明的原则，帮助更多的重症"强直"患者重新站起来，并呼吁更多的人加入进来。

**【创业心路】**

## 创业初期少谈战略，多想落地

陈康

企业的使命首先是盈利。作为企业，最为根本的社会责任是保证每个月能给员工按时发工资。在初创期，高搜易谈除这之外的社会责任显得很吃力。

所以，我给创业者的建议是，创业初期要少谈战略，多想如何落地，如何生存下来。一些创业者整天生活在虚妄之中，其实活下来才是最重要的。我们也曾走过弯路，生活在虚妄的美好中，实际上盈利能力非常弱。后来我们意识到这个问题，彻底复盘，专心想如何盈利，如何扭亏为盈，一些只赚吆喝的买卖就尽量少做。在一个快速发展变化的行业里，比如互联网金融行业，政策环境、市场环境都迅速地发生变化，这个时候一定要多谈战术，打造一个执行力强、反应快速的团队，快速获取更多客户和更多资金,让企业在激烈的竞争环境中能够活下来。所谓"剩"者为王，当你很幸运地活下来后，再谈战略，谈情怀。

**【创业法则】**

## 要找"强关系、强认可"的风投

创业者免不了要找风险投资，陈康说："创业者和投资人的利益并不完全一致。创业者和投资人的关系是马和买马人的关系，马是必须活下来的，买马人的心态是不一定要马非活下去不可。企业对于创业者而言是唯一的，跟自己的孩子一样重要，不能放弃和抛弃，而企业对于投资人而言是几十个投资组合之一，是挣钱的工具而已。这样想来，只有找到'强关系、强认可'的风投，才是创业者的幸事。"

陈康是非常幸运的，他的天使投资人创东方的董事长肖水龙曾经是深国投副总裁，也就是陈康的前领导，对陈康的工作能力和为人非常了解。"投资人对我有很强的认可，这对高搜易的发展很有帮助。后来，我想必须让投资人依赖我，当我对股东的业务有推动作用的时候，我们之间可以产生良性的互动，我们就不再是单纯的马和买马人的关系了，我成为投资人不可或缺的一部分，这样我们就能够更紧密地结合在一起。"陈康如是说。

如果说创业者最初吸引投资人的可能是其梦想和愿景，那么要想一直获得投资人的全力支持和更多的资源支撑，就必须靠强大的实力，高搜易的发展恰好证明了这一点。

【人物档案】 ♀ 陈康

　　陈康，注册会计师，中国人民大学管理学学士、北京大学经济学硕士，深圳市高搜易网络科技有限公司董事长，中国社会科学院研究生院兼职教授，信泽金商学院特聘专家讲师，深圳市投资商会副会长，广东省互联网协会副会长。曾先后就职于华润深国投信托有限公司、中科创金融控股集团、百城基金管理（深圳）有限公司。2015年发起成立国内首个专注于强直性脊柱炎患者群体的专项公益基金——易康公益基金。

## 胡茂伟：构建全球最大的跑步健走社区

2017 年 4 月，胡茂伟创办的深圳市悦动天下科技有限公司（简称"悦动天下"）对外宣布，获得诺基亚成长基金（NGP）[①]领投、小米跟投的 1 亿元 C 轮融资，公司估值超过 10 亿元。

2014 年，胡茂伟带领一个十几人的团队在深圳南山区起步进军运动健康产业。2014 年，悦动圈正式上线。胡茂伟的初衷是希望悦动圈通过一系列游戏化的措施来帮助大家坚持运动，养成良好运动习惯。这个团队在创业道路上"急行军"3 年，

---

① 诺基亚成长基金是一家全球性的独立风投公司，诺基亚是其唯一的有限合伙人，在美国、欧洲、印度、中国都有投资。投资领域包括数字医疗健康、物联网、在线教育、车联网等。

迅速积累了 2 亿下载用户。如今悦动圈已经是全球最大的跑步
健走社区。

## 在腾讯和迅雷的历练

胡茂伟，人称"拼命三郎"，做什么事都喜欢坚持和专注，
比如跑步。大二时发现自己得了神经衰弱之后，胡茂伟找了一
个同乡一起跑步，两周后恢复正常睡眠。他坚持跑步已经很多
年。当时他并不知道，跑步健身竟在多年后成了他创业的不二
选择。

2002 年，胡茂伟从暨南大学计算机专业硕士毕业，来到
腾讯公司从事增值业务开发，后来到互动娱乐事业部担任游戏
运营开发经理。

"在腾讯的 3 年里，我获得了系统的技能培训、项目管理
培训和团队管理培训等。我很感激腾讯把我从一名没有任何经
验的毕业生培养成能在项目研发上独当一面的人才。2005 年，
我为了创业的梦想离开了腾讯。后来，我在'Tom 在线'做

MMORPG① 的开发。经过一年时间的创业尝试后，我冷静下来，还是希望找个大的平台发挥能力，于是去了迅雷，在那里待了整整 7 年时间，除了职务上从普通工程师升为公司副总裁，还练就了把一个项目从零起步带到千万级用户的能力。"胡茂伟介绍说。

在他眼里，腾讯给他打下扎实的研发功底，而迅雷给了他一个"练兵场"，他曾带着迅雷游戏大厅从零做到上亿用户的规模，几十万人同时在线游戏。艾瑞的数据显示，迅雷游戏的用户超过联众游戏，仅次于 QQ。2012 年，胡茂伟负责迅雷的北京研发中心，当时带团队做的是迅雷第一款手游。他说："我去迅雷的目的就是想帮迅雷做一个游戏大厅，做一个游戏中心。可以说，一直是有一个游戏的情结在里面。"

这个游戏情结一直延续到他后来创办悦动圈。

## 一条路走到底

"迅雷看看"从 2007 年起步，2008 ~ 2009 年已经占国内

---

① 大型多人在线角色扮演游戏。

宽频影视市场份额的 80%。当时胡茂伟作为"迅雷看看"项目的开发负责人，见到身边亲友都在用"迅雷看看"看影视节目，还一直夸很流畅，有很强的自豪感。

"如果你开发的东西被亲友们大赞好用，那是很爽的一件事情。我就想再爽一把，带给亲友们更好的东西。那什么是亲友们需要的呢？"胡茂伟 2013 年还在琢磨这个事情。在迅雷的最后一年，同事们聚会时经常会聊的话题就是健康，身为公司的副总裁，他对团队成员的关注除了业绩，更有健康。他说，希望能做一份传递正能量、关乎健康的工作，这份工作比权力和金钱更让他感动。于是，热爱运动的他在 2014 年年初决定聚焦运动健康领域来创业。

然而，2014 年，悦动天下成立之初，并不被绝大多数投资人看好，因为没有人把运动健康的应用程序做出很多流量，"'凭什么你就能做起来呢？'这是我被投资人质问得最多的一个问题"。胡茂伟当时虽然苦恼，但一直坚持初心，"我们最开始的口号就是'多一点运动，多一点健康'。非常直白的初心，就是希望身边的亲朋好友和我们自己多一点运动，多一点健康。这个口号一直用到现在"。

　　由做游戏和视频转向运动类应用程序，胡茂伟完全换了一种产品思路和运营模式，决定一条路走到底。他坦言自己在2014年扛得很辛苦。

　　"创业的时候，如果我总是惦记着我曾经是迅雷的副总裁，那么我很多事情都干不了。创业的时候，曾经的风光和荣耀都要彻底放下。"创业初期，胡茂伟撸起袖子亲自上阵写代码，在马拉松现场摆摊，扯着嗓子拉过用户，"刷脸"各种资源。

　　胡茂伟介绍，计步工具＋社交＋电商，是悦动圈最基本的运营模式。针对跑步、骑行、步行等运动方式，悦动圈基于GPS<sup>①</sup>工具进行计步，并采用红包奖励机制刺激用户；用户可以选择加入不同的运动类社交圈子，如减肥圈、跑步圈等；电商方面则采用悦动圈"自产＋上游供应商"的模式，售卖与跑步相关的产品，以运动服饰为主。

　　悦动圈团队日益壮大，成员基本是来自迅雷、百度、腾讯等国内顶尖公司的核心技术员工，这是悦动圈的坚实后盾。

　　2015年，悦动圈进行A轮融资时，凭借快速增长的用户

――――――――――

① 全球定位系统（global positioning system）。

数据在激烈的市场竞争中脱颖而出。同年 8 月，悦动圈对外宣布获得联创与松禾的 5000 万元投资，A 轮融资中公司估值达到 3 亿元。

除了资本认可，悦动圈更是获得了腾讯和百度的青睐，获得 2014 腾讯应用宝最佳新品奖、2014 年度百度金熊掌奖、百度 2014 "中国好应用" 年度运动大奖。

## 悦动圈的创新魅力

在不少用户看来，悦动圈最吸引人的地方就是不断有新的玩法出现。从跑步红包、O2O 赛事到团战玩法，这些由悦动圈首创的玩法把昔日枯燥的跑步健身变成了一个有趣的线上线下联动的 "大游戏"。

"我们分析发现运动记录是一个伪需求，大家连运动习惯都没有，为什么要记录运动？我们就把这个方向调到帮助大家坚持运动。怎么去帮助大家坚持运动？我们看到过去很典型的例子就是网游，网游能够让大家形成网瘾，我们把这种让人形成网瘾的机制嫁接到运动上，那就是所有人希望看到的，'勾引'大家去运动，就是拥有正能量的健康的事情。"胡茂伟解释。

他认为，对于人们来说，运动是强意愿、低落实的事情，用户需要的是一个坚持运动的信仰支撑。为了找到这个信仰支撑，胡茂伟的团队做了很多的尝试，如运动后的微信分享机制，不断累计的数字等级优越感等，并且应用了2015年非常火爆的红包场景，在悦动圈设置了游戏化的任务制度，完成任务即可领取红包，获得惊喜的数字红包，从而培养跑步习惯。

令胡茂伟心花怒放的是，悦动圈的游戏化每深入一步，用户就引爆一次。实践证明，创新对于用户的吸引力非常大。

2014年年底，除了发红包，悦动圈推出了线上比赛、找跑友、团战、百校大战等运动新玩法，用户加入不同的圈子，用玩游戏的方式，和一群志同道合的"跑友"一起领红包、做攻略、做任务，甚至参加线下的周赛、月赛。对于用户而言，养成运动的习惯不再是令人感觉"痛苦"的事情了。

此后，悦动圈在产品功能上抓住人们对身心健康的诉求，从一个人运动后在微信朋友圈分享的机制，到一群人因兴趣而社交的活动管理平台，以及支持上万人的即时群聊功能等。于是朋友圈出现了晒孩子、晒美食之外的晒运动。

规模化的运动赛事是悦动圈又一项重要创新，首创了O2O

赛事和团战玩法。悦动圈在满足用户身心健康诉求后，更是解决了众多社会诉求。众所周知，线下举办一场马拉松赛事需要取得各种报备、场地规划、安全措施等指标，而悦动圈首创的O2O赛事和团战玩法，用互联网的思维开展马拉松活动，O2O赛事不受场地、不受空间限制。而且，有关"公益健走"的活动得到共青团中央、当时的环境保护部、国家体育总局的大力支持，引起巨大的社会反响，真正是一股阳光满满的正能量。

胡茂伟说："我是想脚踏实地通过互联网改变一下大家的

2016 年 11 月 3 日，胡茂伟（右七）和团队成员参加"悦动圈 App①汨罗跑团同城跑"

---

① 应用程序（application）。

生活，来帮助大家。我们强调的一个理念是，通过商业化的这种方式去做公益、做善事。通过我们的平台，不仅让大家多运动、获得健康，而且形成一个正循环。同时，我们还能够找到一个有正现金流的商业模式，源源不断帮助大家获得健康。"

凭借游戏化的产品机制、社交化的人性诉求、规模化的运动赛事、强技术的计步算法等四大产品竞争优势，悦动圈很快成为少数实现盈利的运动平台。

## 沉淀和服务好现有的忠实用户

除了产品和运营，悦动圈另一个核心竞争力就是技术。深度活跃用户很注重每分钟里不同的速度以及 GPS 精准度等体验。在技术上坚持大投入是胡茂伟的一贯做法。他感觉自己非常幸运，因为他有个非常牛的技术合伙人况海斌。这位技术合伙人同是腾讯出身，敢于为梦想破釜沉舟。他放弃腾讯的高薪，以不到原来三分之一的薪水开始了创业之路。他锲而不舍的精神和技术人才骨子里的单纯与情怀打动了胡茂伟。于是，悦动圈有了技术上的计步算法优势，拥有行业领先的自动计步稽核算法、GPS 算法。

　　过硬的技术、新潮的玩法、节节攀升的市场占有率、清晰可靠的盈利模式，让悦动圈吸引了国际投资大鳄的目光。

　　2017年春天，诺基亚成长基金（NGP）宣布给悦动圈投资。胡茂伟说，当初诺基亚成长基金是先发了一封邮件到悦动圈的公司邮箱，取得联系后，其合伙人及董事总经理邓元鋆对这个项目详细考察了几个月，最终决定投资悦动圈。

　　在邓元鋆看来，悦动圈很有可能会成为诺基亚成长基金在中国投资的又一只"独角兽"。他说："我们在投资悦动圈之前确实在国内看了很多这方面的创始公司。我们为什么投资悦动圈呢？第一，我们对胡总的团队非常有信心，觉得他们有这个能力，有这个经验，有这个前瞻性跟愿景，能够带领公司成为一家非常有价值的公司。因为团队是最重要的。第二，我们看到他们在规模方面不单是中国最大规模，也是全球最大的。在用户量、下载量、日活量，包括黏性都是非常庞大的规模。我们也看到悦动圈App团队有丰富的过往经验，包括移动互联网、游戏和很多方面的运营经验，所以他们在运营这家公司的时候非常多元化，用各种方式，包括奖励、社区和其他各种工具来培养用户的运动习惯。这体现了悦动圈在运营上的各种创新，所以我们选择投资悦动圈。"

体育互联网行业市场潜能巨大，但是经过了 2015 年的风口、2016 年的泡沫，胡茂伟沉着地说："接下来，悦动圈的重点是沉淀和服务好现有的忠实用户，在优胜劣汰的大环境中稳步发展。"

【创业心路】

# 一直向前，才能保持平衡

胡茂伟

创业好比骑自行车，一直向前，才能保持平衡。

那么，怎样才能一直保持向前冲的姿势？我认为就是需要坚持初心。当初创业的目的是什么？对这个问题一定要非常清晰。一定要坚持初心，不要为创业而创业。如果为了一些"假大空"的理由选择创业，你一定坚持不了多久，而如果仅仅是为了赚钱去创业，那也是坚持不下来的，因为获得利益并不是一蹴而就的事情，创业过程的艰辛和波折非一般人所能想象和承受。

因此，初心显得尤为重要。我不是为了个人的成功或者赚钱这样的目标才创业，我当时就是想给身边的亲友带来运动健康的好习惯，就是这样一个真切的心愿，一直支撑着我走到今天，支撑我顶住各种压力，支撑我啃下许多硬骨头，支撑我进行了多次融资，带领团队将悦动圈打造

成了全球最大的跑步健走社区，并且已经拥有超 2 亿的下载
用户。

## 【创业法则】

## 不要怕啃硬骨头

胡茂伟说："不要怕啃硬骨头，因为啃下了硬骨头，其实等于树立了坚实的产品壁垒，为企业赢得了发展的先机。"

2014年，悦动天下刚成立的时候，投资人并不看好这个方向，认为这个方向没有做大的可能。当时，胡茂伟的初心就是希望能给身边的亲友带来真实益处，让大家都能培养良好的运动习惯。他认为这个方向是正确的，所以坚持了下来，不仅扛住不被投资商看好的压力，而且在技术难关面前保持了积极的进攻态度。比如，人工智能的计步算法因为涉及不同传感器、不同灵敏度、不同姿势而开发难度很大，胡茂伟前前后后换了五拨开发人员，不停地尝试不同的方法，不停地换不同领域的高手，一直到2015年年中才解决这个难题，终于形成了一个初步算法。

"不能遇到一点儿难处就往后缩，研发团队必须能啃硬骨头，而且事实证明啃下硬骨头能带给企业丰厚的回报。"胡茂伟说，不能遇见无法解决的问题就绕过去，要懂得迎难而上，"骨头专挑硬的啃"，打造无懈可击的产品壁垒。不出胡茂伟所料，计步算法问题解决后直接给悦动圈带来了 20% 的活跃度。

【人物档案】 ♀ 胡茂伟

胡茂伟，深圳市悦动天下科技有限公司董事长，曾任职于腾讯、迅雷。深圳市互联网技术专家库专家、深圳市人大环资委委员，获"第二届深圳十大新锐创客"等称号。

## 蒋延春：创业是场修行

作为国内首批从事基于 IP 的视频会议产品的研发人员，蒋延春一直在视频领域深耕细作。他说："创办捷视飞通已经是我第三次踏入视频领域了。"

他笑言："可能是个人性格有点儿不安分吧，也想做一些更有挑战性的事情，就选择了创业。"2008 年，蒋延春与一帮同行联合创立了深圳市捷视飞通科技股份有限公司（简称"捷视飞通"），并担任总经理。

蒋延春自信地说："在视频会议领域，特别是国产厂家里面，捷视飞通可以位列前三。移动指挥是一个新兴的市场，我们也能算得上是行业的领头羊。"

## 执着和自我突破

1997 年从清华大学物理系毕业后，蒋延春来到深圳，1998 年加入华为，负责华为新一代视频会议系统的研发。

"我 1998 年年中加入华为，1999 年年初就开始带团队，负责 VP 8000 系列视频会议产品的开发，后来直接负责 VP 9000 产品的系统设计。从市场技术经理到产品的研发管理，在华为 4 年，我做过研发、销售、培训、管理等。通过严格的职业化训练，我的经验也逐步丰富起来，还结识了很多优秀的同事和朋友，这是日后创业的基石。在视频领域的经验和技术积累，也成为后来创业的方向。"蒋延春回忆道。

2002 年，蒋延春离开华为。后来他与朋友一起创立深圳市酷易科技有限公司（简称"酷易科技"），并担任技术总监。酷易科技是国内最早做手机内容服务的企业，但由于当时 3 个合伙人都是技术方面的人才，缺少营销资源和经验，所以企业没有做起来。另外两名合伙人又先后分别回到华为、中兴去上班，只有蒋延春一个人继续前行在创业的坎坷道路上。

2004 年，蒋延春独立创立了深圳市艾微信息技术有限公司，主要从事多媒体通信方面的技术、产品研发。该公司也可以称为捷视飞通的前身。

在视频通信领域，蒋延春已经累积了足够多的能量。2008年，作为主要创始人之一，蒋延春与同样来自华为的覃春来、刘玉春等一起联合创立了捷视飞通，担任董事长兼 CEO，并带领公司在新三板挂牌上市。

一波三折的创业路上，蒋延春积累了丰富的经验，对企业战略、公司管理、组织建设有了更深刻的理解。

他语重心长地说："在华为的那些年，公司组织大家学习《华为公司基本法》，那时我太年轻，没有什么想法，对此不以为意。后来自己出来创业，再重读这本书，收获巨大。有人评价'任正非分钱、分权、分名做得好'，在我理解，最根本的原因是任正非内心有一个创办世界级优秀企业的强烈愿景。为了实现这个愿景，他可以牺牲自己的利益，可以不断实现个人突破。这种执着和自我突破的精神，对我的触动和影响非常大。"

## 对创业充满激情

蒋延春回忆："我们公司成立初期，队伍中绝大部分是软件开发人员，硬件和底层更多采用合作开发的形式。中途发现，合作开发不能快速响应市场需求，必须要组建自己强劲的硬件团队，于是我们快速组建队伍，换一条技术路线，夜以继日，重新研发产品，不到 4 个月时间，做出了产品。"蒋延春说起这段往事，语气已经非常平静。

技术研发在跌跌撞撞中开始，市场开拓同样艰苦卓绝。蒋延春回忆，2009 年秋天，一个成都生意人得知某县要上视频会议系统，偶然找到捷视飞通。在大致了解基本情况后，蒋延春连夜赶往成都，与对方对接，立即准备第二天的汇报资料，两人一直忙到凌晨 2 点，等找地方把资料装订好，天也快亮了。还未到上班的时间，两人已经赶到客户现场等待与客户交流，最终拿下了项目。几十万元对当时的捷视飞通来说，已经算得上最大的项目了。闲聊时，这个成都生意人才知道蒋延春就是公司的总经理，惊叹之余，也有感动。他后来放弃自己经营多年的生意，加入捷视飞通，成为最早的核心成员之一。这个人就是现在捷视飞通四川办事处的主任唐清元。

蒋延春感慨地说：“我们做销售，自己建设队伍和网络，我们不去抱大腿，最起码不指望去抱大腿。我们一路拼杀，一路干，最后把这张网建立起来，就越来越有价值了。万物生长需要时间，不管是个人的成长还是企业的发展，都有规律，都需要时间。真实世界有两条法则：一是投入不会马上就产出，想做好一件事情需要 3 年、5 年、10 年,甚至更久。十年磨一剑，你看到别人比你好，就怀疑自己是不是有问题，自己慌了，自乱阵脚；二是投入、产出曲线不一样，有的事情快，有的事情慢，有的生意是机会窗型的，有的生意是很稳定的，扎扎实实地能做到全球领先就牛了,各有各的特点。你走的这条路,投入、产出曲线可能要 5 年，人家走的那条路，可能就要 1 年，所以看到别人厉害了不要慌，各有各的路，你走的那条路可能后期利润更大呢！”

虽然经历了风风雨雨，蒋延春一直对创业充满激情。他认为创业的过程就是企业家的自身修炼，他希望捷视飞通是一个让优秀的员工有成长的空间、让志同道合的合作伙伴能够一起发展壮大的平台。

## 坚持创新和保持专注

蒋延春将捷视飞通的成功秘诀归结于坚持创新和保持专注。"我们并不是单纯追求新技术或者新概念，而是贴近用户的创新，真正到用户现场去体验，去理解用户需求，找到用户痛点，为用户解决真实的问题，并始终聚焦视频通信领域，深耕细作。"

在他看来，很多企业甚至整个行业在不同层面上都存在着痛点。例如企业与用户之间存在信息不对称，用户的潜在需求无法被满足，造成企业无法为用户提供更加完善、贴心的服务。捷视飞通一直强调要深入到用户场景，了解用户需求，充分利用互联网技术解决用户的痛点，从而实现用户的价值最大化。

对于如何深入用户，捷视飞通提出了两个方面的创新。

首先是"融合"。以前用户使用的都是各个独立的系统，比如视频会议系统、视频监控系统、单兵指挥系统等。捷视飞通打通了这个模式，使各个子系统之间能够实现互相融合，解决了用户工作中遇到的实际问题，从而为用户带来更大的价值。

以北京市人民检察院为例，原先其业务软件、App 和数据库，与移动单兵系统是两套各自独立的系统。在运用移动单兵

捷视飞通参加 2015 年中国警用反恐装备展

系统执行任务时，需要另外调取业务系统中的数据，造成两个系统不断切换，使用起来十分麻烦。"而我们的系统能以中间件形式与北京市人民检察院的业务软件及移动端进行融合。现在北京市人民检察院只需要一个 App、一个界面、一套软件，外出执法时就变得很方便，用户也对此非常认可。可以说，系统融合这一块我们是国内做得最好的，也是做得最早的。"蒋延春说。

2016 年，捷视飞通在教育领域做的最大的一件事情就是联合其他公司共同推出了"十合一"的教育产品，即以前用十台设备实现的功能，现在只需要一台设备。在教育领域，这是很大的创新，也可以说是具有颠覆性的一款产品，它可以将录播、中控、视频矩阵、音频矩阵、视频会议终端等集成在一个设备上，在教学过程中使设备操作简单化，而价格只有旧系统的五分之一到四分之一。这对推动教育信息化技术手段的革新和教育信息化在教育系统的大面积普及起到了重要作用。

其次是"开放"。捷视飞通把系统开放出来，将终端用户及合作客户联系起来，为他们搭建一座沟通交流的桥梁，实时反馈用户遇到的问题，从而更加方便地解决用户使用中的痛点。另外，捷视飞通在可视化指挥领域摸索了很多年，一直不断努力创新，现在可以说已经成为移动可视化指挥方面的专家。

2016年对捷视飞通来说是丰收的一年，公司市场规模不断扩大，业务总量不断上涨，不仅成功在新三板挂牌上市，而且年度业绩比2015年翻了一倍，成功拿下了很多具有影响力的项目，也得到了很多高端用户的高度认可。

创新，无止境。"我们现在打造的下一代产品，正在把一些新兴技术，比如人工智能和大数据引入到视频通信领域。"坚持走"融合"路线，拓宽视频通信市场，让视频会议走出会议室，让多媒体通信融入工作与生活，让捷视飞通成为多媒体

通信领域技术领先的国际知名企业——这是蒋延春对捷视飞通
未来的设想。

## 【创业心路】

# 一切皆有可能

### 蒋延春

一切皆有可能，这是捷视飞通的核心价值观。我们要做世界级的企业，大家不要觉得不可能，不要觉得是忽悠，一切皆有可能。

我认为，创业者首先要敢想敢干，这个是创业的基本要素。人的思维容易受到外界条件的约束，不要自我设限，不要轻易说"不行"，比如，面对强大的竞争对手，不要条件尚不具备时就认为创业很难成功。其实，要有敢想敢干的意识，要相信"一切皆有可能"，这样才能突破局限，勇于创新，缔造奇迹。

我常说，捷视飞通在刚起步还很弱小时，就敢于向全球最顶尖的对手发起挑战，我们那时除了激情和鸿鹄之志，其实基本上一无所有。这一路困难重重，历经生死，我们的初创核心团队仍然坚持不懈，用汗水和牺牲，从夹缝中硬挤出一条路来，不断地成长壮大。这段历程虽有初生牛犊般的无知无畏，但其中蕴含的"不甘平庸、不惧挑战、追求卓越"的捷视飞通精神，就是我们的初心。

**【创业法则】**

## 创业要有超越功利性的目标

企业是一定要赚钱的，但不能仅仅为了赚钱。创业者一定要有超越功利性的目标，才能让创业的过程变得更有意义，才能让公司真正做大做强。这是蒋延春再三强调的一个观点。

因此，除了以产品为中心的创新，捷视飞通的另一大关注点是在渠道合作模式上的创新，即"捷飞邦事业合伙人"。

"我们专注地把产品做好，但也需要通过合作伙伴才能把好东西卖出去。相对传统渠道分销合作模式来说，我们更希望打造一个可持续的生态系统。通过捷视飞通的发展，带动'捷飞邦'合作伙伴的成功。""我们打造的这个圈子，类似于EMBA 校友会，大家不是单纯的利益关系，而是有共同的事业和相同的价值观，彼此之间充分地信任、充分地支持，合作走向共赢的伙伴。"

蒋延春说："我佩服一种人，就是他做事情超越了划算不划算的想法，而是基于一种自我的诉求、一种价值的实现或者一种利他的考虑，甚至是偏执。"在他看来，任正非正是这一类人，为了实现创办世界级优秀企业的愿景，任正非可以牺牲个人的利益，可以团结优秀的人才，不断实现个人的突破，取得创业巨大的成功。所以，蒋延春希望通过树立一个超越功利性的目标，在创业过程中完成自身的修行。

**【人物档案】** 📍 蒋延春

　　蒋延春，毕业于清华大学。1997年9月至1998年8月，长城电脑股份有限公司软件工程师；1998年8月至2002年8月，华为技术有限公司项目经理、版本经理、系统工程师；2002年8月至2004年10月，深圳市酷易科技有限公司技术总监；2004年10月至2008年12月，深圳市艾微信息技术有限公司总经理；2008年12月，创办深圳市捷视飞通科技股份有限公司，现任董事长兼总经理。

**【人物档案】** 📍　覃春来

　　覃春来，毕业于西安交通大学。曾任职于华为，从事测试、生产、研发、市场、销售、规划等工作。2008 年 12 月，参与创办了深圳市捷视飞通科技股份有限公司，现任董事、副总经理。

【人物档案】 ⦿ 刘玉春

　　刘玉春，毕业于东南大学。1998 年 8 月至 2007 年 12 月，华为技术有限公司工程师、片区经理、销售总监。2008 年 12 月，参与创办了深圳市捷视飞通科技股份有限公司，现任董事、副总经理。

# 宗贵升：从外企高管到 3D 打印产业"小巨人"

从 2015 年开始，北京三帝科技股份有限公司（简称"三帝科技"）董事长兼 CEO 宗贵升的名字开始频繁地出现在 3D 打印业界。在此之前，业界更加熟知的是北京隆源自动成型系统有限公司（简称"隆源成型"），不管是哪位权威人士来细数中国工业级 3D 打印都绝不会漏掉它，而这个成功运营了 20 多年的公司与宗贵升密切关联。

## 改正不足也是创新

从故乡到东北，从北京到美国，宗贵升总有一股创新求变的激情。

1986 年，年轻的宗贵升完成北京冶金部钢铁研究总院金属物理硕士的学业后便获得了赴美国得克萨斯大学读博的机会。得克萨斯大学是 3D 打印技术中激光选区烧结法（SLS）的发源地。在这里，宗贵升开始了他的 3D 打印之路。

1991 年，宗贵升获得材料科学与工程专业的博士学位，成为世界首批 3D 打印博士。手握多项技术专利的他选择了回国创业，1993 年即主持研发了中国第一台工业级 3D 打印样机，并命名为快速成型机，申报了国家名词认定；1994 年，合资创立了隆源成型，是国内最早专业从事工业级 3D 打印的高新企业，同年，国内首台工业级 3D 打印设备通过北京市科学技术委员会组织的专家鉴定，获得发明专利，并于 1996 年成功投入使用。

宗贵升属于经常反省的人。他认为，作为一项高端前沿科技，彼时的 3D 打印技术就好像一棵稚嫩的幼苗，成长仍需时间。在条件并不具备时，拔苗助长只会事与愿违。这时候应该去开阔眼界，增长见识，积累经验。当时已拥有 160 多年历史的老品牌史丹利给了他这样一个宝贵的机会。

当美国财富 500 强、纽约证券交易所上市公司史丹利在中国寻找合作伙伴时，宗贵升抓住了这个时机，开始了长达 11 年的跨国集团高管之路。2004 年，宗贵升与史丹利合资创立了史丹利科技（深圳）有限公司，作为股东、董事总经理负责史丹利五金及家居的中国业务，后来升任为史丹利安防亚洲区董事总经理。在同为美国财富 500 强、纽约证券交易所上市公司的品谱集团收购史丹利五金家居业务后，他又升任品谱五金及家居东半球总裁。

宗贵升有句口头禅："改正不足也是创新。"他提倡在向前不断创新产品的同时，还要向后看多一点儿，改进产品有时比创新更迫切。创新就像海钓，你不知会钓上来什么东西。很多企业为"伪创新"所害，像猴子摘玉米一样，创新出一个东西，觉得不行，没有在此基础上改正，啪一声扔了。这就是很多聪明人最终做不成事的原因。

## 新的开始，回归 3D 打印

在未直接从事 3D 打印的时间里，宗贵升储备了证券、并购、管理等相关领域的知识，取得了美国证券执照，并深入了解跨国企业的管理体系，积累了经验，希望有机会学以致用。

其实，他一直未曾远离 3D 打印行业，始终保持着对行业的关注和学习，先后获得多项 3D 打印领域的专利。因而，他能够得以在国内 3D 打印的发展契机到来时，凭借多年来在 3D 打印、五金家居、网络信息技术、并购整合等领域积累的丰富经验，迅速看清行业竞争形势，把握宏观战略方向，抢占先机。

2005 年，宗贵升通过收购隆源成型第一大股东所持的股份，掌握了当时仍处于低迷发展中的隆源成型的控股权，担任董事长。宗贵升迅速调整战略，专注于快速成型铸造，让公司转亏为盈。

从 2012 年开始，3D 打印热潮开始席卷全球，这对准备已久的宗贵升来说是最好的时机。

这时的宗贵升不仅掌握了纯熟的 3D 打印技术，而且拥有丰富的企业管理经验，并且完成了资本的原始积累，他决定全身心地投入到自己所钟爱的 3D 打印事业中去。2015 年 1 月，宗贵升正式辞去了品谱五金及家居东半球总裁的职务。褪去令人艳羡的跨国集团高管身份，他开始遵从内心深处的意愿，全身心投入到 3D 打印事业中。对宗贵升来说，这是一个新的开始，更是一种回归。

他说："在跨国企业工作的时候，看到跨国企业除了靠企业自身发展的自然增长，也靠并购增长，并购的目标是弥补自身的不足。我决定站在战略的高度，采用并购的方式来实现企业的快速增长。"

2013 年，宗贵升创立三帝科技，并通过并购，控股北京环球精博康复辅具技术有限公司、永康市隆源成型科技有限公司、北京国千智能制造科技研究院有限公司、安徽中科镭泰激光科技有限公司，形成了以系统、健康、平台、教育和文创、系统集成为全面支撑的 3D 打印、激光智能制造运营体系。

2014 年，宗贵升创立深圳市七号科技有限公司（简称"七号科技"），致力于民用 3D 打印解决方案，研发推出了拥有完全自主知识产权的物联网桌面 3D 打印机、巧克力 3D 打印机、乐创贝贝 3D 打印机；联合材料研发公司北京燕山石化高科技有限责任公司研发 3D 打印适用性、功能性材料；通过对汕头市美森科技有限公司的并购，建立了实力雄厚的材料生产基地；结合 3D 打印个性化定制、分布式制造的优势和特点，搭建了可提供 3D 打印服务、交易的 C2M① 云制造平台万物打印网（www.wanwudayin.com）。

宗贵升在员工培训会上

这种看似"大而全"的布局方法、以并购打通产业链的做事风格，其实是源于宗贵升对国内 3D 产业的深入了解，他坦言："其实我们既不求大，也不求全，而是基于 3D 打印核心技术的研发，以铸造、汽车、康复、家居、食品、创意等应用需求为驱动，从软件、设备、工艺、材料及其应用来整体布局。"

从市场来看，宗贵升认为："3D 打印确切来说应分为工业市场、专业市场、教育市场和家庭。就像计算机刚开始主要用于工业控制一样，3D 打印开始也是用于工业的工控机；然后成为工程师、设计师等专业人士的模型设计工具；接下来就开

---

① 即 customer to manufactory，是一种电子商务模式，通过用户直连制造商。

始进入教育市场——一方面是教育模型制造，另一方面是教育孩子怎么去创造，这是一个创意产业的萌芽；最后才进入家庭，但在进入家庭之前有很多工作要做，要找到相应的应用，在人性化方面也要做到最优化。我们现阶段最重要的两个板块，一个是 3D 打印设备和材料工艺，另一个是康复医疗方向的典型应用。"

## 时代呼唤 3D 打印思维

近年来，全球 3D 打印发展异常迅猛。美国《时代周刊》称其为十大增长最快的工业产业之一。3D 打印产业正以年均约 30% 的速度增长，全球市场规模预计将由当前的 60 亿美元增长至 2020 年的 200 多亿美元。如何抓住这个产业机遇，把国内 3D 产业做大做强呢？

宗贵升认为，时代呼唤 3D 打印思维，而且这个思维决定了国内 3D 打印能否实现突破性发展。他说："如果类比互联网所具有的网络、智能传感器、类自然网络的特点，3D 打印可实现云制造、材料优化利用、仿生设计，具备与互联网类似的连通性、资源效率、学习自然的属性，或将成为下一个互联网式的革命。3D打印要实现突破性发展，不仅要靠技术的进步，更需要一批有3D打印思维的人群。"

3D打印思维涵盖了关于突破传统设计限制的自由设计思维，关于其核心竞争力的大批定制思维，关于产品交付速度及供给侧革新的即刻制造思维，关于产品及市场定位的集成部件思维，关于创新兼容的技术补充思维，关于需求拉动市场和技术发展的需求激活思维，关于商业模式和组织形态的平台服务思维，关于产业边界及创新的协同创新思维八个层面。

三帝科技加工中心（机器人多功能激光加工平台）

宗贵升认为："其中，最重要的是自由设计思维、大批定制思维、集成部件思维和需求激活思维这四种思维。"

自由设计思维是指设计可以不考虑制造是否能实现，可以突破传统设计的限制，设计非常复杂的零部件，机械结构只要想到就能实现。自由设计思维是 3D 打印思维的核心，其他思维都是围绕自由设计思维在不同层面的展开。

大批定制思维是关于 3D 打印的核心竞争力的思维，其生产多品种、小同质的批量 3D 打印有快速、低成本的优势。目前，运用大批定制思维的成功案例屡见不鲜，已应用于 3D 打印蜡模、康复医疗等方面。

集成部件思维是减轻、性能提升、创新的重要思维。3D 打印使得零部件高度集成成为可能。宗贵升说："集成部件思维不仅是机械叠加、类比集成电路，而且是在集成的过程中进行优化设计，简化零部件，一体化制造，许多老产品用集成部件思维来重新设计，会产生质的飞跃。"

3D 打印的发展还需要需求来激活思维。"目前国内几大研究基地基本上都在学校和国企，为什么呢？大多是国家项目激活的需求，主要在航空航天、武器装备等领域。我们需要在其他领域激活需求，拉动市场和推动技术进展，哪怕是 3D 打印巧克力。"宗贵升认为，"并不是所有的 3D 打印企业都能盈利，一定要找到需求点，到底需求点在哪里？找到了这个需求点，企业发展才有希望。例如，3D 打印汽车应用，发挥 3D 打印成型复杂结构的巨大优势，实现点阵、中空、一体化等轻量化设计与制造，这就是 3D 打印在行业应用上寻找的需求点"。

宗贵升认为，3D 打印是制造技术的一次革命性突破，是第三次工业革命的"将军"。3D 打印正在改变人们的思维方式。其突破性发展不仅要靠技术的进步，更需要一批有 3D 打印思维的人群。如果不改变规则、要求和期望，3D 打印相较传统制造有许多缺陷，不能用来替代传统的成熟制造方法；而如果改变规则、要求和目标，运用 3D 打印思维，将其作为另一种制造方法，增量发展，3D 打印将带来设计、制造的新纪元。

伴随着 3D 打印在中国的发展，宗贵升的 3D 打印之路也必将越走越宽广，他的创业过程就好像 3D 打印的材料叠加过程，最终会通过层层叠加增长，将最美的设计蓝图完美呈现。

**【创业心路】**

## 创始人必须是全能冠军

宗贵升

在外资企业做高管，只需要你是单项冠军，比如销售冠军。外资企业自身体系里有管理规则，有充足的资金，也有品牌号召力，有足够的实力吸引到优秀的人才加盟。

但作为民营企业创始人必须是全能冠军，不仅要懂技术，还要懂管理；不仅要找到人才，还要培养人才、懂得带队伍；还必须能够找到企业发展所需要的资金。单从管理来说，一些创业者没有管理工作的经验，是凭想象和模仿来管企业。我曾见过一个民营企业创始人，产品质量有问题，他却叼着烟，对员工大谈 "质量是我们的生命" 云云，就是不提解决质量问题的行动计划。其实，管理是门学问，不是只靠聪明就能做好的，一定要系统地学习。当然，每个人都有自己的专长与短板，可以通过企业高管层面的组织建设来实现各方面 "全能" 的目标。

我在跨国企业史丹利从事高管工作 11 年，后升任品谱五金及家居东半球总裁，其实我仍然只是个部门经理的角色，仍然只是单项冠军。我创办三帝科技后，就开始以"全能冠军"来要求自己，要对企业战略布局、融资、研发、管理、团队组建等全面负责，对团队建设更是不敢松懈，团队成员之间取长补短，形成了很强的战斗力。

【创业法则】

## 产品创新要避免三个误区

宗贵升从跨国企业品谱五金及家居东半球总裁，变身为 3D 打印民营企业的领军人物，经历了创新创业的不同阶段。他语重心长地指出，创业企业在产品创新上一定要避免陷入三个误区。

其一，不断地开发新产品，而不注重与之相应的销售渠道及服务体系的建设。其实，新产品要精而非多；企业各方面发展要均衡。

其二，由于大多数新的创业企业都比较小，很难通过生产规模来降低成本，有些就落入了降低产品品质来降低成本的地狱，最终惨遭市场淘汰。其实，创业企业的核心竞争力一般不应该是低价。

其三，执着于不断创新，结果推出了一些不成熟的技术、半吊子的产品和"四不像"的生意模式。其实，传承有时候比创新更重要。

创业企业不一定非要通过技术创新来竞争。戴尔就是一个最好的例子，在车库里就干起了计算机组装，并且成功了，因为他悟出了一个不同于康柏"我做出了很多，你要不要"的模式——"你要什么，我给你做"。竞争是多方面的，企业的目的就是要找到客户需求的兴奋点。

## 【人物档案】　📍　宗贵升

　　宗贵升，博士，毕业于美国得克萨斯大学，北京三帝科技股份有限公司创始人、董事长兼 CEO，深圳市七号科技有限公司创始人、董事长，中国粉末冶金技术创新战略联盟 3D 打印专业技术委员会主任，中国增材制造产业联盟专家委员，深圳市科学技术协会委员。曾任职于美国 500 强企业史丹利集团在中国成立的合资企业。曾任美国得克萨斯州休斯敦美中商会会长。

# 喻东旭：携手科学家掘金新材料的富矿

虽然经历了百转千回、浴火重生的创业历程，但深圳市华科创智技术有限公司（简称"华科创智"）董事长喻东旭仍然觉得自己非常幸运，因为他遇到一位非常靠谱的科学家——香港科技大学教授温维佳，能够把实验室里的成果一步一步做到产业化阶段。

## 看到产品更新换代的巨大市场空间

1994 年，喻东旭从华中科技大学机电一体化专业毕业，到北京一家化工领域的国有企业工作一年，之后进入联想集团总裁办公室工作，为柳传志等联想高层搜集市场资料、进行产业调研等。后来喻东旭调到东北担任黑龙江省联想首席代表，于 1997 年获得大庆油田的采购大单，这是当年联想集团的第一大订单，于是次年喻东旭调任东北区域总经理，负责东三省和内蒙古地区的销售。

1999 年，喻东旭回到北京联想总部，担任笔记本事业部副总经理，负责产品线的定义和销售。2000 年，联想上马手机业务，喻东旭参与了收购厦华手机的谈判工作，次年担任手机事业部常务副总经理。在这个阶段，他抓住手机产业更新换代的绝佳机会，为联想手机业务的迅速增长立下了汗马功劳。收购厦华手机之后，联想并没有开展黑白屏手机业务，直接就开展了彩屏手机业务，从最初每月销售不到 1000 部，到一年后每月销售 10 万部，迅速扭转局面。2005 年，市场上出现了30 万像素的拍照手机，联想手机迅速推出的照相手机和折叠手机受到消费者青睐，每月销售 50 万部。从 2001 年到 2007年，手机事业部为联想总部上交约 15 亿元利润。"从手机销售中，我看到产品更新换代的巨大市场空间，所以对有可能激发更新换代的新产品特别关注，特别感兴趣。"喻东旭说。

喻东旭 2008 年离开联想后，到比亚迪担任了 4 年高管，主要负责手机整机代工业务，参与了摩托罗拉、比亚迪、华为、三星等大品牌手机的代工订单的执行，积累了生产制造型企业的经营管理经验。2012 年离开比亚迪的喻东旭开始第一次创业，仍然从事手机代工业务，但他深知这是投资巨大、劳动密集型的产业，所以一直在寻找新的机会进入新的领域。

## 从实验室走向产业化

2014 年 8 月，喻东旭遇到了香港科技大学教授温维佳。温维佳是国际巨电流变液发明的第一人，国际知名的材料专家，他设计和制备的巨电流变液已应用于很多国际研究机构，其研究成果在全球范围内享有美誉。

当时，温维佳也正在寻找项目合作伙伴，他向喻东旭展示了银纳米线透明导电薄膜这项最新成果，并介绍："随着科技的发展，电子器件，特别是平板显示朝着轻薄化方向发展，大尺寸触摸屏和柔性屏的市场空间巨大，但是它们的触控材料必须要具有低阻值和柔性，传统 ITO（氧化铟锡）材料作为触控产品导电层的主要选择已经有 30 年历史。但是，ITO 中铟金属是自然界中存储量最低的稀有金属之一，存在工艺复杂、成本高和废弃物难以回收等问题，同时其材料特性阻值高，而且脆性易断。这也促使科研人员开发新材料来加快替代传统 ITO 的步伐。ITO 替代材料技术路线主要包括金属网格、银纳米线、纳米碳管和石墨烯。"温维佳强调，目前能够实际量产投入产业化应用的只有金属网格和银纳米线两条技术路线。现阶段金属网格技术工艺还较复杂，银纳米线技术无论在工艺成熟度、成本、可弯曲性等方面都更具优势。"银纳米线优异的可弯曲性是未来曲面、可折叠、穿戴等智能终端唯一的解决方案。"温维佳教授总结道，银纳米线是下一代触控技术的关键。

喻东旭对温维佳的科研成果非常感兴趣，他也知道新材料产业是工业发展的先导，是战略新兴产业的核心部分，如果这项新材料技术成果能够顺利产业化，必将带来电子产品的革命性变革，他期待这样一种具有巨大应用前景的新技术很久了。于是，喻东旭与三位好朋友一起出资 300 万元投资温维佳的项目，双方同意成立华科创智，2014 年 9 月正式启动。

"我最初并不确信温教授的成果就一定能够产业化，只是抱着试一试的心态。这个研发团队最初在南山区 200 平方米的实验室里起步，摸索银纳米线的合成生产和涂布工艺。这个阶段比较漫长。温维佳教授派曾西平博士等团队成员花很多时间在深圳实验室工作，银纳米线合成制备的量从 50 毫升到 1 升，再到 3 升、5 升，这样一步一步增加，要做无数次试验，确保新材料性能的稳定。"喻东旭相信，技术的不断突破才是这个项目能从实验室走向产业化的关键，但过程是曲折而艰辛的。

眼看技术逐渐走向成熟，喻东旭带领公司于 2016 年年初迁到龙岗区宝龙工业区进行扩产。喻东旭最擅长整合资源，有了过硬的技术成果，他需要匹配更大的生产制备能力、更充足的资金投入、更强大的市场销售能力。于是，他一步一步克服困难，带领团队在最短时间内夯实了产业化基础，形成占地面积 14000 平方米、具有一定规模的大尺寸电容屏生产基地，成为国际上第一家量产 86 寸电容触控模组的公司。

## 跨越几乎不可逾越的关口

2016 年春天，华科创智研制的银纳米线技术申报了项目。申请书上详细列举了该项目的先进性。

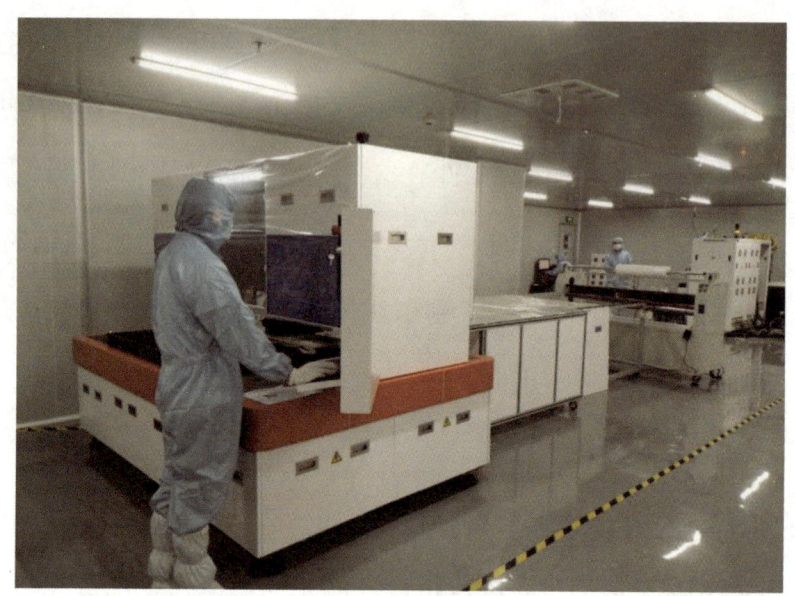

华科创智的现代化生产车间

这份沉甸甸的项目申请书让深圳市政府主管科技的领导大为振奋，他们知道在液晶显示器和触摸屏领域至今尚未出现能够规模量产商业化的可替代材料。特别是在触摸屏领域，由智能手机、平板电脑等引领的触摸屏产业快速发展，大尺寸触摸屏的制造成本和柔性触摸屏的应用都受到 ITO 特性的制约。该项目的成功研制将极大降低透明导电膜的生产成本，实现批量化生产。该项目技术达到国际领先水平，将打破透明柔性电极高端市场被国外企业垄断的局面。

此外，华科创智还完成了深创投首轮融资。鲜为人知的是，在这些成绩背后，喻东旭带领团队跨越了很多个几乎不可逾越的关口。

原材料银纳米线的合成生产完成后，涂布是一项非常重要的工作，但日本产的专业涂布设备非常昂贵，喻东旭考虑到购买国外品牌的涂布设备投资巨大，所以就想在国内企业里寻找合作伙伴。国内做涂布设备和服务的企业大多是上市公司，而且他们都是用涂布设备做胶水等材料的涂布，针对银纳米线这一新材料的涂布设备需要进一步投资改造。"如何说服上市企业去改造设备呢？这个可费劲了。"喻东旭回忆，他与曾西平博士三番五次到国内各大涂布公司洽谈合作。功夫不负有心人，华科创智最终获得了国内某知名上市公司支持，成为国际上最大规模生产银纳米线导电膜的公司。

喻东旭介绍："华科创智目前走的是垂直整合的道路，彻底把产业链打通，做出应用示范标杆来取得品牌厂商的信任，这样才能最快推动产业化。如果我们只做材料合成生产部分，委托日本人做涂布，韩国人做模组，那么国内品牌商拿到的触控模组产品将会价格昂贵，质量也无法保障。长期以来，国内的银纳米线市场几乎被美国 Cambrios（天材创新材料）公司垄断，但由于其过高的价格和不成熟的触控模组生产工艺也让这项技术未能在世界范围内进行大规模的触控模组量产。为了打破国外品牌的垄断，华科创智的业务从最基础的原材料银纳米线的合成生产开始，建立高效可控的生产线，并且实现柔性透明电极产业化，打造全新触控显示载体；基于新材料的特点与优势，开发系列化智能产品；建立科技孵化平台和新的商业模式，成为新技术产业化的摇篮和人才聚集地。"

要打通这样一条完整的产业链，需要喻东旭团队跨过产品技术关、生产工艺关、应用推广关、资金关等环节。当产品技术和工艺成熟后，如何更顺利地推广应用，也是一个很考验喻东旭的问题。

"我们已经和创维、TCL、长虹、康佳等多家知名企业达成了合作。"喻东旭表示，大尺寸触摸显示正迎来加速发展的新蓝海，这两年是一个爆发期，整个终端市场将达到千亿规模。"所有大品牌都问我，你们一个月最多交货量是多少万片？"喻东旭说，为了满足交货的需求，华科创智兴建了 1 万平方米的产业园，保证每月 10 万片触控模组的生产出货能力。

喻东旭说，华科创智的发展渐入佳境，并且于 2016 年完成深创投首轮融资，2017 年完成 B 轮融资，企业估值超过 10 亿元。值得期待的是，这样一个新材料领域的创业公司，未来将在全球电子信息产业的舞台上大放异彩。

**【创业心路】**

# 创业者要解决"鸡与蛋"的问题

喻东旭

我发现，在中国创业者常常需要解决"鸡与蛋"的问题，这很让人伤脑筋。比如，银行不会因为我们科研成果多么出色，就能给创业企业大额贷款授信，它还是要看过往的流水和收入，看固定资产是否雄厚。可以说，银行配套跟不上企业的发展需求。我们运气还不错，获得深创投的融资，暂时解决了发展资金的问题。又如，生产设备买进来，才能实现大批出货；没有批量出货，就没有银行流水，也就无法获得银行支持购买生产设备，这又是"鸡与蛋"的问题。

创业者要过很多难关。早期创业阶段，很多人无法解决"鸡与蛋"的问题，无法取信银行和解决资金问题，导致创业半途夭折。所以，创业者要承受很多常人想象不到的压力，但常常在绝望的时候，又会出现一线生机，迎来又一个黎明。

## 【创业法则】

## 创业需要有一颗强大的心脏

当香港科技大学教授温维佳告诉喻东旭，银纳米线是下一代触控技术的关键时，喻东旭动心了，他一直期待着能遇到一种能产业化的新材料。

喻东旭最初并不确信这一成果就一定能够产业化，只是抱着试一试的心态，摸索着前进。其实，这个阶段很漫长，要花很多时间做无数次试验，才能确保新材料性能的稳定。即使成果已经从实验室走出来，还需要与国内做涂布设备的企业沟通，需要他们针对银纳米线这一新材料的涂布设备进行投资改造。

不论是新产品的研发过程，还是产业化的实现过程，都需要长时间的艰苦摸索。因此创始人需要有一颗强大的心脏，去面对各种绝望的处境。创业的每一天都充满不确定性，有时内忧外患同时出现，所以创始人必须做打不倒的"小强"，能在困境中越挫越勇，在绝望中寻求一线生机。

**【人物档案】** 📍 喻东旭

喻东旭，深圳市华科创智技术有限公司董事长兼 CEO。华中科技大学本科毕业，后就读清华大学和香港中文大学 MBA。曾任职于联想、比亚迪。

【人物档案】 ♀ 温维佳

　　温维佳，深圳市华科创智技术有限公司首席科学家，香港科技大学教授，国家自然科学基金委员会评审专家。拥有多项美国专利和中国专利。2013 年被评为公益性行业科研首席科学家；2014 年获得国家自然科学奖二等奖。

## 汪祥斌：另辟蹊径淘金手游大数据

19 世纪初，美国西部淘金热兴起。1853 年，一个叫李维斯·斯特斯的年轻人借着淘金热，为金矿工人研制出一种结实耐磨的帆布工装裤，这就是牛仔裤品牌李维斯（Levi's）的由来。在很多淘金者铩羽而归时，这个小伙子却赚得盆满钵满。

同样的戏码在深圳市慧动创想科技有限公司（DataEye）创始人汪祥斌身上又演绎了一次。作为另辟蹊径掘金手游大数据的幸运儿，汪祥斌并没有春风得意地谈论成功心得，言谈中反而透出强烈的自我反省。

## 腾讯企业文化的启迪

技术出身的汪祥斌外表文静，履历相当丰富。汪祥斌本科学的是城市规划，却偏偏喜爱编程。2005 年，他就创办了一个开源社区。大学毕业以后，他来到深圳做线上运营。由于客户大多在美国，所以需要晚上上班，白天睡觉，过着日夜颠倒的生活。

2006 ～ 2007 年，汪祥斌帮助中国移动构建相关互联网平台，在这个过程中认识了后来的创业搭档张高境。

"我不是名牌大学毕业生，而且所学不是计算机专业，来深圳找个程序员的工作也不容易。我曾面试华为，被拒绝了，只好继续做开源社区。2008 年被朋友拉着一起做过一个虚拟产品的交易平台，我当技术运营总监。由于各种原因，这次创业失败了。到了 2010 年，我决定加入腾讯，去看看成功的企业究竟是怎样运转的。"汪祥斌说，他在互动娱乐部门从事游戏组件及运营支撑系统的核心研发工作，参与过多款知名游戏的运营工作。

虽然已经离开腾讯，汪祥斌提起腾讯的时候还是充满了敬佩和感激："腾讯给我最大的启迪是团队、公司的本质。我认为，腾讯的企业文化是最有价值的核心。员工，包括离职员工都对腾讯企业文化认同感很深。所以，我创业之初就坚信好的企业一定是建立在文化认同基础之上的，要把企业的文化内涵根植于每一个员工的心中。"

汪祥斌讲述了在腾讯工作时的一个故事："进入腾讯后，要进行新员工培训。企业文化第一条是做人要正直。正直体现在很多地方，当时培训老师说不能逆行乘电梯就是做人正直的一个表现。我当时是当作笑话听的，然而后来我自己创业的时候常常会反思这个细节，体会到这恰恰是'勿以善小而不为，勿以恶小而为之'。一个企业之所以伟大，就是体现在一个个小的细节上，体现在每个普通员工的所思所想上。后来我也结识了一些上市公司老板，发现即使是上市企业，也很难把企业文化做到如此细致。这说明腾讯的企业文化真是了不起。"

## 创业大潮中的幸运儿

2013 年，和创业伙伴张高境离开腾讯后，每天都在地铁站写代码的汪祥斌根本没有想到，在短短 300 多天里，他们创建的游戏运营数据分析公司 DataEye 能在全国手游企业领域攻城略地，到 2014 年 10 月已经接入游戏厂商上千家，接入游戏数千款，覆盖移动设备 8000 万台，占国内市场份额接近 20%。创业不到 3 个月，DataEye 就完成了早期千万级的天使融资，尽管汪祥斌不着急进行 A 轮融资，但几乎每个月都有大牌风投联系他。

张高境是个有些腼腆的技术男，在卓望、腾讯都任职过技术核心岗位。当这个技术达人被问到当时没钱没团队时就开始创业，难道不害怕和恐慌时，他一脸平静地说："我和祥斌认

汪祥斌在演讲

识了很多年，我相信他。"那时，他们都在腾讯工作，汪祥斌在互动娱乐部门，张高境在另外一个部门，但都是做技术开发。有一天，快到午餐时间了，汪祥斌在腾讯通上跟张高境说"一起吃个饭"。饭桌上，汪祥斌说了自己创业的想法，他提出从做游戏的统计分析入手，积累游戏的大数据，因为数据是有价值的。张高境没有任何犹豫，立马答应了。多年的交情让他觉得，汪祥斌的判断靠得住。

经过两个月的艰苦开发，产品小样上线了，并且很快完成了千万级别的天使融资。由于两个人都是做技术出身，对于市场和营销了解较少，在用户维护和品牌开拓方面遇到了难题。由于经验和人手不足，他们甚至得罪了几个大客户，导致产品被下架，后来经过反复沟通和调整才得以重新上线。

创业初期，汪祥斌和团队成员保持着在腾讯工作时期的习惯：小步快跑，快速迭代。他们每周都会更新产品。在早期，为了保障产品正式版本上线，整个团队连续20天不休息，每天晚上工作到10点以后。整个团队调到了一种狂热的模式。"因为我们大家都看好这个方向。"除了在产品迭代上保持速度外，在客户服务的响应上也毫不含糊，只要有需求，就必须及时响应。例如，有一个客户咨询是否可以添加一个新的功能。这是汪祥斌他们从来没有做过的，工作量较大。大家在研究后决定投入开发，原计划一周完成的工作，仅仅用了 4 天就顺利上线。客户在使用后非常满意。

除了产品外，线下交流活动是 DataEye 最大的亮点之一。从 2014 年上半年开始，DataEye 在北上广深等多个城市定期举办线下精细化分享会。2014 年下半年，该分享会转型成实战运营课堂：根据主题来区分和安排，在报名的时候针对公司、游戏、岗位进行严格筛选，每次 20 人左右，没有商务，没有广告，没有宣传，非常有针对性地去讨论一些实质性问题。能否参加 DataEye 的线下活动已经成了手游界公司运营人员实力的象征。陆续地，又有更多的腾讯同事加入 DataEye，包括在腾讯工作了 4 年的许耀东。DataEye 的核心成员大部分来自腾讯。汪祥斌觉得在腾讯共同的经历对创业帮助很大。从腾讯出来的人，基本功都很扎实，服务意识也挺高，不仅对外面的客户，而且对同事的需求也反应迅速。因为大家的理念是一致的，极大降低了沟通成本，不需要花很长时间磨合，可以迅速集结队伍，快速进入战斗状态。

"我们创业头一两年走得很顺。当时产业环境好，时间节点抓得也很好。据腾讯游戏数据，2013 年，中国手机游戏市场规模达 112.4 亿元。当时手游已经进入一个爆发的节点，成了巨头和创业者们掘金的宝地。因为大家都关注怎么做游戏，资本追逐得很厉害。我们没有做游戏，而是定位为给游戏做数据挖掘，做垂直服务。好比当年很多人去美国西部淘金，而最后卖牛仔裤的人赚了一大笔。我们就是走这个路数，也成了创业大潮中的幸运儿。A 轮融资也很顺利，深创投和亚商资本只跟我谈了一次就决定投资，A 轮我们公司估值 2 亿多元，获得投资 5000 万元。那个时候，我真是体会到了飞起来的感觉。"汪祥斌回忆当年的辉煌时已经不再激动，因为后来他被重重地摔了下来，并且进行了深刻反思。

## 靠自己才能杀出血路

完成 A 轮融资后，汪祥斌为何还会陷入危机呢？

"当时拿到了投资，内心不免膨胀起来，做了很多不切实际的扩展，团队扩张到 150 人。最可怕的是没有做好现金流管理，现金流只有出，没有进。2015 年年底已经出现了危险信号，

2016 年 5 月就已经非常危险，资金链条很可能出现断裂。我们做的商业化探索效果也不太好。"汪祥斌回忆道。

从上线第一天开始，DataEye 的所有产品就是免费的，只是通过给大中型企业提供一些增值服务获得了一些收入，但都非常零星，而且 2015 年 DataEye 并没有足够重视商业化工作。"我们花了大量的时间寻找游戏数据价值变现的方式，因为我们从一开始创业就不知道如何变现，这是最可怕的地方。当我们不停地烧钱，又无法给投资商展现更清晰的商业模式，再度吸引投资就相当困难了，账上没钱发工资了。有一段时间，我每天要被几家投资机构拒绝，下班回家后我连话都不想说，心里非常难过。我那时看到了马斯克的创业故事，知道他曾经在最糟糕的时候带着 3 个孩子四处找房子住，我想马斯克有一颗多么强大的心脏啊！后来，我为了给员工发工资抵押了自己的房产，然后裁员整顿，努力寻找数据变现的商业模式。2016 年下半年，总算找到了一条生路。"汪祥斌说，由于 DataEye 是手游大数据领域的开拓者，只有靠自己才能杀出血路。他每个月都十分关心财务收支报表，因为现金流是企业的生命基础。在不断探索总结中，DataEye 的商业模式逐渐清晰起来。

　　在移动互联网，尤其是数据服务领域，现阶段变现方式比较有限，最直接的方式之一就是广告。有些同类公司在发展过程中急于变现，被广告业务分散了核心的数据业务，降低了品牌的整体价值，效果反而很不理想。汪祥斌认为数据价值的最大化应该是坚持在数据领域深耕，深度发掘数据的真正价值。广告变现确实能带来收入，但是对数据类服务公司来说，有些饮鸩止渴。最关键的是，在目前的社会环境下，利用用户数据去产生一些商业利益，会引起用户的反感和不信任。在汪祥斌看来，数据要产生价值，第一在于流通，做的是平台模式，必须让数据流通起来；第二在于深度加工，挖掘其中的一些真正价值。

　　汪祥斌说："我们不会去做其他的功能，只专注于数据。"由于这种高度专注，2017 年春天，汪祥斌顺利完成 B 轮融资，公司估值 5 亿元。汪祥斌相信，只要品牌有价值，市场一定会给一个合理的商业范畴，如果太纠结于商业模式，反而会丢失一些自己最本质化的东西，迷失方向。

**【创业心路】**

# 创业是对自我人性的完善

汪祥斌

风口上，猪也会飞。可风停了，我重重地摔了一跤。2015 年年底，我经历了人生的一次炼狱之痛。现在，我反思了自己创业的过程，认识到创业的本质是自我人性的完善。人性与人格上不完善的时候，必然会在创业道路上遭遇种种挫折和磨难。其实，创业者也不要把困难当作困难看，而要知道经历的困难正好是在弥补性格与能力方面这样那样的缺陷。

在我看来，没有经历苦难的团队就是失败的团队。只有经历过很大挫败的团队，才有可能称为"伟大"。因为看一个团队是否伟大，不是看它在顺风局里有多么出色，而要看在逆风局里有多么坚强。

创业是一条不归路，每个创业者肯定会遇到"过热"或者"过冷"的产业环境，那么，在风口上，猪飞得多高并不重要，重要的是风停的时候，猪摔下来之后是否还活着。

## 【 创业法则 】

### 先虑败，后虑胜

汪祥斌创办的 DataEye 虽然受到资本的青睐，但仍要面对资金链条可能断裂的危险境地。汪祥斌只能抵押自己的房产给员工发工资，然后裁员整顿，努力寻找数据变现的商业模式。

经历这一低谷后，汪祥斌终于认识到只有靠自己才能杀出血路，现金流是企业的生命基础。他开始关心每个月的财务收支报表，不断探索总结，摒弃广告变现之类饮鸩止渴的做法，只专注于数据，坚持在数据领域深耕，深度发掘数据的真正价值。

盲目扩张是很多创业者都会犯的错误，很多人在获得融资之后不顾实际地烧钱扩大规模和扩充团队，最后发现思路、方法不对时，往往已经到了山穷水尽的境地。汪祥斌以及很多从失败中挺过来的创业者的经历都告诉我们，在创业的过程中，每一分资金的投放都要考虑胜败两个方面，不能一味享受"飞起来"的快感，而是在风口上的时候，就要考虑风停了之后如何继续活着。也就是说，要先虑败，后虑胜。

【人物档案】　📍　汪祥斌

　　汪祥斌，毕业于长安大学城市规划专业，深圳市慧动创想科技有限公司（DataEye）CEO。曾任职于腾讯。

## 梁新刚：创业，刀刃上的行走

"我再次创业，选择了做人工智能。做 AI [①]，让我对未来充满敬畏，从不敢停下追求未知的脚步。"百米生活前 CEO 梁新刚在 2016 年 7 月创办了深圳市爱智慧科技有限公司（简称"爱智慧"），专注于人工智能在金融投资领域的应用。

人工智能领域的创业需要强大的技术团队，技术门槛很高，梁新刚却义无反顾地一头扎进去。用他的话说，创业就是在刀刃上行走。

---

[①]　人工智能（artificial intelligence）。

## 受用无穷的华为经历

2005 年 7 月，梁新刚从北京大学计算机软件专业硕士毕业后，在北京易观国际做管理咨询工作。2007 年，梁新刚来到深圳，加入华为全球行销体系的商业咨询部做电信运营商业咨询。

"我被华为派到中东北非片区工作了 7 年。我是在新疆喀什长大的，从中国最边远的地方走出来，抗压能力和吃苦精神是具备的。我在华为学到了很多东西，最精髓的是华为的企业文化。"梁新刚说，"关于企业文化，我讲一个故事给你听，你就知道它的作用有多么重要"。

"2011 年在利比亚战乱的时候，派驻那个国家的代表邹志磊坚持不走。那时战火已经切断了跟国内的电话联系，航班已经很少了。对于华为的人，他们到底是走还是不走，那一刻可能已经没有总部的领导直接指示了。如果你在那一刻走了，意味着华为放弃了那个国家的市场，那个国家的工信部门和运营商可能战后就不再接纳你了——以前西方的电信设备商有过这样的例子，后来再也进不去那些非洲国家了。最后邹总选择留下，在那一刻，组织可能已经因战火断了联系，流程上你也查不到这种情况下能走还是不能走，只有企业文化起指导作用。所以，利比亚局势稳定下来之后，公司提拔邹志磊连升两级，到北非地区部做总裁。这是他应得的奖赏。公司还组织全球的管理者学习这个案例。我深刻理解到一点，凡是我们的流程、惯例、规则覆盖不到的角落，就需要有企业文化起作用。"

梁新刚在华为参与的第一个大型项目是"阿曼电信 3G 全网商业咨询"。项目从前期拓展到最后交付，耗时两年。这是华为在全球第一个收费的商业咨询项目。在此之前，商业咨询服务被华为用作服务式营销手段，协助设备成单，并不曾独立收费。

2011 年，作为市场体系的骨干，梁新刚被抽调到华为财经体系做大运营商系统部的 CFO[①]。"这次转型的跨度非常大，是从市场体系到财务体系的转型。作为非财务科班出身的我，正好借此弥补财务知识的短板。之前我就有创业的梦想，所以财务管理知识迟早是需要的。也只有华为愿意给予非财务科班出身的人这样的转型机会。"获得了转型的机会，但能力也要

---

[①]　首席财务官（Chief Financial Officer）

跟上。除了回深圳总部参加 CFO 强化培训，梁新刚还对自己高标准、严要求，在迪拜报考了国际特许金融分析师。

梁新刚隐约觉得，财务管理能力在未来一定能派上用场，但他那时没有想到 5 年之后，自己会一头扎进人工智能在金融领域的应用。现在想来，在华为的那段转型经历真是受用无穷。

## 商用 Wi-Fi 行业里的"独角兽"

2014 ~ 2016 年，梁新刚担任百米生活的 CEO。在这里，他带领百米生活完成了两轮巨额融资：2015 年 7 月，百米生活获得顺丰速运、元禾控股联手的 A 轮融资；B 轮定增融资，由深圳市招商局创新中心投资和深圳国资委基金跟投，公司估值达到 10.7 亿元。2016 年 5 月，百米生活成功登陆新三板。

百米生活主要做的业务是方便人们蹭网，为商户提供很多服务，不仅路由器免费给商户使用，还要做商户的"无线大管家"，帮忙做宣传推广，带来到店的客流。

"当然，我们是在不同行业的商户之间为他们吸引客流，我们叫做'异业导流'。我们还会帮商户做一些管理优化，接入很多第三方行业软件，让这些商户可以用起来，这样可以支持到他的业务。"梁新刚说，"百米生活的商业模式简单说就是以流量为入口，打造物联网户外新媒体。这是典型的规模驱动型商业模式，就是要尽快做到行业第一。流量是我们的客户——广告主需要的，有了流量，广告主就愿意在我们的平台上投放广告"。

目前，为各行各业提供行业解决方案的 SaaS 的软件很多，不必自己开发，百米生活只需要把好的第三方伙伴引进来。行业软件可以借助百米生活遍布全国的商户网络，快速地触达商户，让他们先免费用起来。在这个过程中，梁新刚看到，对于老板来讲，深入的需求就会出来，例如看报表希望定制化。这种情况下，行业软件服务商愿意提供定制开发，但可能要收一些钱，当产生付费行为的时候，百米生活的业务伙伴也变成了他们的客户，因为他们可以收取平台佣金。这是百米生活的平台商业模式。

梁新刚自豪地说："我们的市场遍及全国，最远到了新疆、青海、西藏，都能够见到百米路由器。铺设了这么多路由器，最关键的还要看我们到底吸引了多少流量。日活跃用户峰值可达 1000 万人，浏览的页面会达到几千万。"

"在业界合作方面，抱业界巨头大腿是必需的，我们跟BAT都达成了合作。顺丰是我们的股东。"梁新刚说。

2015年，百米生活在行业里面已经做到了规模第一。所以在工信部下辖的一级行业协会——Wi-Fi产业联盟中，百米生活当选为执行主席单位。同年，百米生活获评"行业最具影响力企业"，还被深圳的投资机构和专业媒体誉为商用Wi-Fi行业里的"独角兽"。

## 转战人工智能新赛道

2016年7月，梁新刚从百米生活辞职，创办了爱智慧，专注人工智能在金融投资领域的应用。从规模驱动型的百米生活转战技术驱动型的爱智慧，跨度相当大，堪比当年梁新刚在华为从市场体系到财经体系的职务角色转换。梁新刚对这样的转换充满信心："我看好人工智能这个方向，兴趣与激情是最好的老师。我一头扎进去之后发现路越走越宽，越走越顺！"

梁新刚说，对人工智能在金融投资领域的各种先进理论和技术，他都非常有兴趣去学习了解。"2016年3月，世界围棋

爱智慧团队建设

冠军李世石与谷歌围棋人工智能程序 AlphaGo① 进行了五番棋比赛。整个比赛期间，AlphaGo 的表现都堪称完美，最终以 4∶1 大比分击败李世石。这个事件触发我关注人工智能的最新进展，我马上下载了 DeepMind② 在 *NATURE*③ 上发表的关于 AlphaGo 的算法论文。看完论文，我意识到，一个新时代到来了，AlphaGo 打败世界围棋冠军绝非偶然，因为它的算法是数十年

---

① 阿尔法狗。

② 由人工智能程序师兼神经科学家戴密斯·哈萨比斯（Demis Hassabis）等人联合创立的人工智能企业。

③ 《自然》杂志。

来人工智能厚积薄发的结果。当 AlphaGo 将人类棋手引以为傲的'棋感''大局观'成功地加以量化，那么，将 AI 应用于金融投资领域也就不再有问题了。"

梁新刚从中小学时代就酷爱数学，参加过华罗庚金杯赛、"希望杯"全国数学邀请赛、全国数学联赛等各类数学竞赛。在北京大学攻读计算机软件专业硕士学位时，他也非常喜欢钻研经济和金融，常常去朗润园蹭中国经济研究中心 ① 的课。当他准备做 AI 用于金融投资领域的产品时，他惊喜地发现，这个项目正需要他把所有感兴趣的数学、财经金融、计算机的知识融会贯通。这个项目的技术本质是在金融大数据和文本信息基础之上的金融投资垂直搜索、智能投资研究、数量化决策支持。涉及的技术是机器学习、自然语言理解、知识图谱、语义网，以及金融投资专业知识。

正所谓无知者无畏。梁新刚半路出家做人工智能，一路思考摸索，很快就在 2016 年 8 月开发出针对个人用户的"AI 投酱"智能投顾产品的原型。该产品的宗旨是"人工智能机器人提供

---

① 即 2008 年 10 月 25 日成立的北大国家发展研究院的前身。

炒股、投资理财顾问服务"，通过专业的机器学习技术，对股市、投资理财大数据进行学习和优化，为用户提供个性化的投资决策建议。

"AI 投酱"微信公众号一上线，就有之前熟识的投资人前来调研。该投资人很认同"AI+ 金融"的方向，但是建议，"不妨考虑 2B<sup>①</sup> 的模式，针对券商、基金此类企业用户开发出这样的产品，离钱更近一些，可以直接盈利"。梁新刚采纳了这个建议，将研发方向调整为给投资机构做相应产品，并且找到了美国的一家对标企业。

梁新刚说，人工智能领域有三个赛道：感知、决策、反馈（例如机器人和自动驾驶）。爱智慧选择的是决策赛道，因为发展潜力非常大，竞争还不是那么激烈，很多投资人看好这个方向的创业项目。梁新刚分析，用于投资决策的 AI 技术与传统 IT 技术有两点不同：AI 具有黑盒特性，导致无法向客户直观地呈现其效率成本优势；AI 被用于决策支持领域时，直接涉及投资机构的核心商业机密，因此无法在客户场所进行深入的

---

① 即 to business，指面向商家（泛指企业），产品本身是生产资料，不是消费品。

需求调研。那么如何做出受投资机构青睐的智能投研和决策支持 AI 产品呢？

　　梁新刚决定做一块"试验田"，就是自己设立一只阳光私募证券基金，然后用自己研发的 AI 算法来辅助投资决策，在自己使用的过程中验证和打磨产品。这个设想在团队内部激起了激烈的争论：两位资深顾问都不认为应该切入投资业务——这两位顾问的背景很强，分别来自高盛股票交易部门和摩根斯坦利信息技术部。梁新刚有着不撞南墙不回头的性格，他对身边的质疑声保持极度的冷静。他认为，反对的声音多是出于善意，但至于是否选择坚持，那要听从内心的声音。"正如乔布斯所言，好的产品不是从客户那里问出来的，而是把完美产品呈现在用户面前。这就意味着我虽然是乙方，但我把甲方的事情也做了，这样做是否一定不对呢？我又去寻找对标的商业模式，发现美国的 FULL STACK（全栈）就是这样的商业模式。找到了印证，我更加坚信，在垂直领域打通端到端，是深入应用 AI 的必由之路！"

　　爱智慧一成立就获得种子轮投资，2017 年 1 月获得数百万元的天使轮投资。梁新刚信心十足地说："我判断，智能投研和决策支持非常有价值，我们聚集了一批有共同信念的人在这个领域深耕，我们的目标是为券商、基金、投行、资管等机构客户提供我们研发的查尔德产品套件，以及基于其内部大数据提供机器学习的定制服务。我们正在成为这个新兴行业的一匹黑马。"

【创业心路】

# 远见是克服风险的重要因素

梁新刚

创业者注定是孤独的，因为没有现成的经验可以借鉴，前面的路只有靠自己去摸索。孤独的内心本质上是源于对风险的担忧。而远见是克服风险的重要因素。

创业路上，如果你自己是制定游戏规则的人，你不得不往长远看。对游戏规则的设计是最考验远见的。比如，那些业务遍及跨区域市场的企业，要考虑你的区域代理商制度是否为后续的垂直市场合作伙伴预留了空间。

人无远虑必有近忧。我认为，远见是克服风险的一个很重要的因素。创业的风险是永远都会存在的。如果创业失败，最大的遗憾可能就是团队，一个个聚起来的兄弟转眼间就要各奔东西。1999 年在长城上痛哭的马云，由于他的远见，把差点儿散伙的十八罗汉重新聚集起来，从杭州一步步走向世界。想要完全规避创业中的风险，那是不可能的。远见不是顿悟，而

是探路、思考、碰撞的过程，对未来的判断也要经历从模糊到
清晰的过程。

**【创业法则】**

## 成功青睐具有冒险精神的人

梁新刚身上充满冒险精神。他说，创业就是在刀刃上行走。他认为，机会只有自己去创造，在别人还没有看好的时候就扑上去；别人不做的事情你扑上去，扑对了你就成功了，如果扑错了，大不了从头再来。

从某种意义上说，创业者走的是一条不归路，每个人对于创业都不能确信百分之百成功，但创业者却是那种选择了就要走下去、哪怕头破血流也不言悔的人，是具备强烈冒险精神的一群人，他们敢于冒险，打破常规，善于创新，善于在变化中捕捉机会。一个不愿意冒任何风险的人，怎么可能跨越创业路上的各种艰难险阻，怎么可能做出断臂求生的战略决策呢？因此，成功总是青睐具有冒险精神的人，只有他们才能跨越千沟万壑，走得最远，看到最美的风景。

【人物档案】 ♀ 梁新刚

梁新刚，毕业于北京大学，深圳市爱智慧科技有限公司创始人兼CEO。曾在华为的市场和财经两个体系担任管理职务。曾任百米生活CEO。2017年5月获第二届深圳国际创客文化节"深圳十大创客"荣誉称号。

# 吴今平：用匠心打造企业移动管理系统

　　吴今平的办公室有一面朴素干净的巨大白墙，上面只挂着"苹果之父"乔布斯和"硅谷钢铁侠"马斯克的肖像。他的办公室里面没有办公桌。他说："我不想经常看见那些我不需要的东西。"

　　这位 80 年代出生的海归是深圳加号科技有限公司（简称"加号科技"）的创始人，他给人的第一印象是温文尔雅，说话慢条斯理。然而，经过深入交流，你会发现他是个不折不扣的创业者，在提到那些常人看来惊心动魄的过去时，一脸的漫不经心，但一讲起公司的愿景和产品的未来时，那股强烈的渴望就情不自禁地溢于言表，仿佛立刻变成一个眼睛里能迸射出光芒的"预言家"。

## 从基层快速成长

2004年，还在英国读研究生的时候，吴今平就由于表现出色而被导师选去做研发助理，并有机会参与路虎集团的一些研发项目。毕业后，吴今平幸运地获得留在英国工作的机会。然而，文化差异和在大公司可预期的有限前景让吴今平决定放弃当时已经遥遥领先于其他同学的丰厚收入，回国发展。

回到国内的第一份工作，吴今平没有像大多数名校海归那样选择"高大上"的CBD金领岗位，而是去了富士康。谈及原因，他说："当时我做选择时只考虑一个最重要的因素，就是我的上司是谁，我能不能快速成长。当时在所有的offer<sup>①</sup>里，富士康那个职位的上级恰恰是一位郭台铭亲自从美国麻省理工学院请回来的博士，所以跟他聊过之后，我连工资都没问就决定去了。"

---

① 录用通知书。

　　从最基层的助理岗位做到商务总处的课长，他像坐直升机一样，只花了不到 3 年的时间。而这在一家管理着上百万员工的巨型企业的历史上还从未有过先例。当然，这离不开他工作狂似的付出——几乎每周都工作至少 6 天，每天十几个小时。"当时，苹果、惠普、诺基亚等大客户的高管来我们深圳总部时，我经常要参与接洽，并陪同他们去考察各类供应商。这段时间在与大大小小上百个供应商的深入接触中，我切身体会到了他们的不容易。"

　　由于直属上司被调回台湾，这个刚刚步入而立之年、"不愿做后娘养的孩子"的单纯"老男孩"结束了他在国内的第一份工作，回到了市中心的高楼大厦里一个看起来更符合他这种学历背景的地方。

　　这一次，已经积累了丰富管理经验和产业经验的吴今平终于无需再从基层做起了。身为中国供应链管理行业最大的上市公司怡亚通四大集群之一的运营总监，上千员工、十几个子公司和事业部上上下下各种管理事务几乎让他成为除了总裁以外最操心的人。"每次开高层会议时，我都是除了做记录的助理之外最年轻的那一个。"作为上市公司的高管，除了锻炼工作能力外，吴今平最大的收获应该就是深刻理解了什么叫职场政治。这让他最终选择了出来创业，而且也不那么害怕与大公司的竞争。因为他坚信，只有志同道合的小团队才能做到真正的团结和全力以赴，大公司虽然有很多优势，但劣势同样明显。

### 创业梦战胜美国梦

在上市公司做了几年高管后，由于许多"异想天开"的想法无法实现，吴今平骨子里的叛逆再次"发作"了。他不顾上司的挽留、父母的劝阻，带着太太背井离乡，移居美国。那时大女儿刚出生不久，本来生活幸福美满，在经历千辛万苦终于实现美国梦后，心里酝酿了好多年的那个更大的创业梦就成了他唯一的心病。

"加号财富"[①]最初的灵感来源于美国的 Lending Club[②]。2014 年年底，Lending Club 的上市让正在美国的吴今平预见互联网金融在中国市场的巨大机会。虽然在当时，国内做网贷的企业已经非常多，但按吴今平的话来讲，"除了骗子以外，

---

① 加号科技旗下纯线上的供应链金融平台。

② 借贷俱乐部，一个点对点（P2P，Peer to Peer）网络借贷平台，位于美国旧金山。

吴今平（前排右三）在硅谷 Blackbox 孵化营中国区入选赛后与创业导师及投资人合影

大部分平台只是通过互联网解决了募集资金这一件事，对于网络借贷真正的核心——'风控和资产获取'这两个更大的痛点，中国还有很长的路要走。"

　　由于过去在富士康和怡亚通的工作经历，吴今平对国内中小企业的需求和痛点有着深刻的体会。在跟小企业主打交道的过程中，他发现这些人经营企业都很不容易。"中小企业的老板绝大多数都很努力，这群人敢自己开公司、开工厂，至少都是相对勤奋、有胆量和有担当的。他们创造了许多经济效益，也解决了很多社会问题。但相对于国企和大公司，他们在社会上却不能公平地竞争，特别是受金融机构的服务和自身管理能力的局限，许多中小企业常常因为资金链断裂和管理不善等原因破产倒闭。"吴今平感同身受地说。

加号财富首先选择从供应链金融切入。吴今平解释，所谓供应链金融是指"围绕核心企业，管理上下游中小企业的资金流和物流，并把单个企业的不可控风险转变为供应链上整体的可控风险，通过立体多维度获取各类信息，将风险控制到最低的金融服务"。

吴今平以正在合作的富士康、松下、康佳等具有代表性的大企业举例说明，"供应商给这些大企业供货时，交货后通常要等3～6个月才能收到货款，但在这期间如果他们碰到内部运营需要资金，或接到新订单需要再次采购原材料时，就有可能出现资金短缺问题，于是这些供应商把应收账款抵押给银行或保理公司，从而获得融资"。这种模式的金融服务就是典型的供应链金融，且因为它存在于像富士康这样信用极强的巨型企业供应链中，使得风险变得非常可控。

吴今平进一步解释："供应链金融的市场很大，仅富士康就有 3000 多家供应商，供应链上一个月的资金需求就高达几十亿元，可是银行和保理公司能够有效服务到的中小企业不到 20%，大部分小额、高频的需求都享受不到及时、满意的服务。"加号财富和富士康这样的核心企业合作，借款给他们的上游供应商，其风控逻辑主要不是基于供应商的固定资产抵押或纯信用，而是基于核心企业的信用，从而有效控制资产端风险。需要借款的供应商可以直接在加号财富平台上完成注册、上传材料等工作，整个流程方便快捷，效率更高。富士康则配合平台确认其与供应商之间贸易的真实性和有效性，包括发票的金额等。"基于这种模式的资产，安全性特别高。"吴今平说。

而在资金端方面，加号财富与 P2P 的原理一样，目前主要从网上募集，"当资产端达到一定量级的时候，未来也不排除会和银行或一些债权基金合作，由他们提供结构化的优先资金，这样可以帮企业把资金成本降得更低"。

不过，"单纯的"加号财富模式运行不到半年，便出现了瓶颈，因为风控和资产的获取还停留在传统的方法上。"通过与核心企业合作寻找供应商、获取资产的方式，和小贷公司、保理公司、银行等传统金融机构没有本质区别，依然是通过线下的方式在发展，效率不高，不太可能实现指数级增长。"在吴今平看来，作为一个互联网金融平台，如果资产端与资金端的增长不能同步，最终还是会限制平台的发展，仅仅变成"生意"，而不是他想做的"企业"乃至"事业"，这对他而言毫无意义。

那么，有没有可能让"风控和资产的获取"也像资金端一样，通过计算机系统和平台来降低人力成本，提高效率，从而打破成长的天花板呢？也许有，但还需要他们去证明，这就是现在加号科技几十名工程师都在倾力打造的另一款产品"大管加"的由来。

## 追求完美的工匠精神

2015 年年初，加号财富平台基本上可以"自行"运转得很顺畅了。此时，团队也由最初的 6 名创始成员增加到 30 多人，其中大部分是工程师。虽然拥有多年积累下来的丰富企业管理经验，但由于市面上找不到一款好用的、适合中小企业的管理工具，吴今平坦言，他在公司的管理上也有些力不从心。于是，靠着对管理的深刻理解和团队的技术能力，他开始尝试自己做一套管理系统，这就是"大管加"的起源。

吴今平亲自担任产品经理，不到 1 个月时间，产品原型就开发出来了，按他的话来讲，"绝对比市面上能找到的任何一款管理软件都好用"。后来，加号财富的一些客户和吴今平的企业家朋友也开始尝试使用，并"深深地爱上了"大管加，这里面甚至包括像富士康、中外运、中广核、招商银行、德勤、杜蕾斯等一流大公司的部门和下属公司。这让吴今平大受鼓舞，想到可以利用大管加的平台为加号财富收集借款需求，并在企业授权的情况下采集数据用于金融风控。

大管加是一个精准定位于中小企业的全方位 SaaS 管理系统。吴今平认为，这个领域依然是一片蓝海，因为对于很多中小企业而言，现在市面上销售的企业管理软件要么太贵，要么不好用，或者只能解决企业的某个单一痛点。许多有管理意识、相对领先的中小企业为了能彻底实现信息化和系统化管理，同一家公司甚至需要用七八个不同的软件，非常麻烦。

不同于市场上琳琅满目的定位于基层员工之间沟通或协作的工具，大管加主要满足的是企业主和管理层的需求，解决项目管理追踪、员工绩效考核、客户跟进留存、财务数据分析等一系列问题，且定价远低于同类型的传统软件，是一套"只需半小时就能实施完成的移动 ERP<sup>①</sup> 系统"。

"ERP 到底有没有价值呢？当然有！否则为什么几乎是每家大公司的标配？但为什么中小企业几乎很少用？因为传统 ERP 系统的价格太高，又太难学，而且还只能在电脑上用，很不方便。传统 ERP 软件的客户们一开始就要花几百上千万元去采购，每年还要花几十万元去维护，软件供应商每次上个门又至少要收几千块钱——在过去这是个暴利行业。所以我要把大管加打造成一个超级好用的 ERP 系统，要让所有功能都能在手机上使用，而且还要让中小企业完全能负担得起！"吴今平略有些激动地说道。

吴今平说，大管加与加号财富的客户群完全重合，使用大管加的这些中小企业会有很大机会使用"加号财富"的金融服务，因为他们基本上都是传统金融机构没有覆盖到的人群。"中小企业在使用大管加这个工具的时候，会天然地产生一种信任感，就像京东白条和蚂蚁金服一样，大管加为加号财富的金融

---

① 企业资源计划（Enterprise Resource Planning）。

业务提供了必要的场景和数据。"

在大管加是否应该免费这个问题上，吴今平认为，在现阶段，收费的企业级服务才是健康和可持续的，"1 个月为每个员工支付十几二十块钱的成本，只是增加了平均工资的 1‰左右，但会至少提升 10% 的效率和业绩，得失一目了然"。吴今平胸有成竹地说道，如果有一天，当"加号财富"的利润可以覆盖整个"加号科技"所有成本的时候，"大管加"甚至有可能对所有企业真正免费，但这是健康的免费，与市面上打着免费招牌，却通过出售企业数据或牺牲产品体验的方式盈利的软件公司完全不一样。

目前，加号科技团队已有 12 位合伙人，其中不乏来自德勤、合益集团（Hay Group）、App Annie①、腾讯的牛人。让吴今平感到最难能可贵的是，公司成立快 3 年了，所有的合伙人一直拿着仅够基本生活开支的薪水却毫无怨言，且无一人离开。这也让他对自己在做的事情满怀信心。"大家都不是为钱来的，而是为了一个共同的愿景。我们都看好这个方向，所以再苦再

①　全球最大的移动应用战略决策平台，总部位于美国旧金山。

累都会坚持。"

吴今平的言语里充满使命感:"我们坚信,只有用追求完美的工匠精神为客户打造一款极致的产品,才能真正帮助企业解决在经营管理中遇到的各种问题,让他们真的能够增加收入,降低成本,正确用人,进而更好地生存和发展,而这也正是我们加号科技的使命。也许还未改变世界,但我们正在努力地改变中小企业的管理方式和融资环境。"

## 【创业心路】

# 价值观比能力更重要

### 吴今平

创业初期的团队，价值观比能力更重要。因为能力可以培养，但价值观却很难改变。创业是对不确定的未来的探索，是一段 8～10 年的漫长旅程，只有价值观和愿景非常一致的团队，才能一起克服前进路上的各种困难。

如果总结过去人们创业失败的主要原因，那就是要么人散了，要么钱没了。为了避免"人散了"，我们始终都在价值观上保持着堪称苛刻的标准，只录取那些对眼前利益看得没那么重，但对事业本身却有极大热忱的人。因为，只有这种人，才能在一起"抵御风寒"。

从创立到现在，加号科技的核心团队一直没变过，这可能也源于公司能够真正把使命、愿景、价值观等核心的理念贯彻到日常的管理和决策中，从而形成的鲜明企业文化。我始终觉得，创业者的使命感很重要，一切决策都应该以公司使命为先，然后才是自己。这样的价值观吸引了一批"和而不同"的人，为同一个梦想一直努力着。

**【创业法则】**

## 做科技产品同样需要工匠精神

　　吴今平对大管加产品倾注了巨大的心力，他认为做科技产品同样需要工匠精神。大管加主要满足的是企业主和管理层的需求，解决项目管理追踪、员工绩效考核、客户跟进留存、财务数据分析等一系列问题，且定价远低于同类型的传统软件，是一套"只需半小时就能实施完成的移动 ERP 系统"。吴今平相信，只有用追求完美的工匠精神，为客户打造一款极致的产品，才能真正帮助企业解决在经营管理中遇到的各种问题，让他们能够增加收入，降低成本，而这也正是他创办加号科技的使命。

　　工业化时代，速度取代慢工细活，复刻取代独一无二。然而，器物有魂魄，一个好的产品需要工匠精神去认真制作。同理，科技创业者也要遵循匠心之本，对自己的产品精雕细琢，精益求精，打磨细节。

【人物档案】 ● 吴今平

　　吴今平，英国华威大学硕士毕业，深圳加号科技有限公司创始人。曾先后任职于路虎集团英国本部、富士康科技集团、深圳市怡亚通供应链股份有限公司。

## 严挺：极客创业首先也要过生存关

与普通的极客创业者相比，严挺的履历是非常漂亮的。严挺 1997 年从中国科学技术大学计算机专业本科毕业，工作 3 年后，在 26 岁那一年，开始在网络安全领域进行第一次创业，其所创办的公司曾获得了 200 多万美元投资，后来被亚信科技（中国）有限公司收购。之后，严挺选择继续打工，先后任原深圳市怡亚通有限公司 [①] 执行副总裁、原北京东方开元信息科技有限责任公司 [②] 执行副总裁、大众点评网首席系统专家等。

---

[①] 即现在的深圳市怡亚通供应链股份有限公司。
[②] 即现在的航天开元科技有限公司。

作为国内最早一批接触比特币的人，他看到了这个数字货币的底层技术——区块链的未来发展，终于决定在 2014 年夏天以此创业，创立了北京众享比特科技有限公司（简称"众享比特"），并获得了 200 万美元的投资。

"我是国内第一批'触网'的人，2000 年第一次创业，投身到互联网创业的浪潮里，那时候国家还没有提出'大众创业，万众创新'，市场上还没有这么多资本，1997 ～ 2000 年这一波创业潮完全是新技术推动起来的。两次创业，我做的都是自己了解的领域，或者说是我的专业领域。我把自己定位于'极客创业'，首先要过的一关仍然是生存关。"书生模样的严挺说起话来逻辑性很强，环环相扣。

## 寻找合适的机会

严挺说，互联网创业是建立在人口消费红利上的，过去 20 年用原创技术活下来的互联网企业屈指可数，比如华为、百度这几家；其他大多数是属于商业模式成功的，比如阿里巴巴、腾讯、京东等。现在，中国的人口红利见顶，互联网行业巨头垄断形成，创业只有寻找到合适的机会才能成功。

严挺在 2010 年就开始关注比特币。尽管当时境外的数字货币已经屡见不鲜，技术出身的严挺在挖掘比特币的底层技术后萌生了一个想法：互联网上能不能存在一种比现在的协议更好、更有意思的技术？

"虽然现在的互联网创业看似机会不多，但相比十几年前，现在的风投公司更愿意投资纯技术企业。过去风投更青睐商业模式创新的企业，比如滴滴等。现在国家政策发生很大变化，注重技术的创新，资本向技术倾斜，这对创业者来说是巨大利好。"严挺介绍，他创办的众享比特第一轮获得光速安振的 200 万美元投资，2016 年获得投资达 500 万美元，是信中利、光速和云脑三家的联手投资。

关于国内区块链市场的现状，严挺介绍："区块链市场的持续升温是大家有目共睹的，现在国内可能没有准确数据能说明区块链市场的规模，或是去预测它在未来 5 年、10 年将有怎样的增长规模。但是从国内区块链创业公司的成立节奏就可以看出这个市场的发展情况……可以说是一波爆发式的增长。"

在火热的市场面前，面对众多行业竞争者，严挺对众享比特的竞争力持严谨的乐观心态："相对整个区块链行业，外部竞争力最明显在于我们能够从多个角度去理解和拆分区块链技术，准确地帮助用户去找到可以接受的层面，尝试新技术，为未来区块链技术的发展做准备。我们将区块链技术从 IT 层面、数据层面以及业务层面进行拆分包装，按用户可以接受的程度选取合适的平台。例如，针对技术趋于保守的企业，用户可只将区块链技术当作 IT 技术中的一种，一种能够带来以前的 IT 系统前所未有的数据共享和备份功能的技术；而针对乐于技术创新的企业，我们提供将区块链技术配合智能合约，直接切入用户现有的业务逻辑中。"

在努力给企业用户寻求合适的切入点的同时，众享比特也在研发通用类型的区块链技术产品，该产品可以允许用户像使用传统软件一样将区块链技术无缝地切入现有的 IT 应用系统中，方便用户体验区块链技术带来的数据不可篡改以及多节点备份冗余的高阶属性。

2016 年，严挺提出"传统产业 + 区块链"的理念，基于自有的区块链底层技术，积极推进"传统产业 + 区块链服务"解决方案的落地。众享比特团队研发的基于区块链的数据库应用平台（ChainSQL）、区块链资产管理平台、区块链积分平台、工控网络区块链文件发布系统、区块链处方药分发系统等已成功实现在各个相关行业领域的应用。众享比特经过两年多的市场探索，分别在物联网与金融领域有了坚实的合作伙伴与客户。在物联网行业，众享比特通过与中国科学院深圳先进技术研究院深度合作，在深圳的物联网行业率先实现用区块链的去中心化技术解决现有的物联网以及工控领域的安全问题，并在电源管理领域实现落地。在金融领域，众享比特与众多金融机构如交通银行、中国建设银行以及相关领域的服务提供商紧密合作，在探索了很多的业务场景后，选定部分多角色参与的非标业务场景，通过与客户现有业务系统的结合，构建新一代基于区块链的高效率、低成本的业务支撑系统。

## 为了生存而努力

作为技术型创业者，严挺思维缜密，说话也很坦诚。"2014年7月，我和四五个同事看好区块链方向，决定尝试创业，有人负责技术，有人负责商务。我们当时没有想到能做到今天这样大。当时就想200万美元大约可以活几年。我当时想，可以活两年吧。所以最初的两年里，我们基本上是为了生存而努力。"严挺坦率地说。

2014 年开始创业的时候，严挺感受最强烈的是，创业的成本非常高，物价、房价飞涨，工资也高。与 10 年前相比，现在创业更艰难，比如过去 BAT 在互联网行业的垄断不明显，创业企业还有可能招聘到一流人才，如今最优秀的人才都会选择去这三大巨头公司，创业公司要获得一流人才几乎不可能。那么，创业者只能寻找最合适的人才为伍。

谈到自己的团队，严挺用"务实"这个词来形容。为了降低租金成本，严挺没有选择在光鲜的 CBD 办公。"如果不务实，怎么能活得足够长呢？我们必须尽可能坚持得更久，让产品尽快成熟，让市场用户接受我们的新产品，这都需要时间去熬。我们提倡的务实是抛掉那些浮华和虚荣，只关注最根本的东西。有些东西与众享比特无关，比如高大上的头衔、豪华的写字楼、精致的办公家具。虽然很多人说不会在意这些东西，但是我们还是发现他们其实是在意的，但这没关系，这只能说明这类人不适合来众享比特工作。而最后留下来的就是我们的同事、伙伴。公司在初建的时候，就给员工办了健身卡，不敢说衣食住行都为员工解决，但我们在尽力让大家工作得更舒心。从其他经营成本上节省下来的钱，我们花在了团队的建设上。每年一次的团建出行，从杭州、宁夏到巴厘岛，伴着公司的成长，我们的脚步也走得更远。"

严挺没有想到的是，他能花 3 年时间就把众享比特带到行业领先的地位，而且众享比特还是国内最早一批加入区块链超级账本（Hyperledger）的成员，也是国内最早一批获得"国家高新技术企业"认定的区块链创业公司，在专业领域内积累了多项知识产权。截至 2018 年 4 月，众享比特共取得 38 项软件著作权并申请了 35 项核心专利。

众享比特团队合影

## 把新技术转化成生产力

作为一名极客创业者，严挺一谈起技术就滔滔不绝。他说：
"简单地说，区块链的核心就是算法，其中包含用来鉴别身份
的非对称密钥算法，用来生成链状数据结构的哈希算法（事实
上，哈希在区块链技术中承担了非常多的重要角色），以及用
来实现全网数据一致性的共识算法。这些算法的完美组合构成
了一种新的平台，这个平台具有以往 IT 技术从来不具备的一
些属性，而这些属性又契合人类现实生活中的一些基础规律。
这个是区块链给我们带来的最大启示。区块链技术本身的特性，
如数据强一致性、不可篡改，系统没有中心节点等，这些都是
以往 IT 平台所不具备的。如果在传统的业务系统中叠加上这
类属性，就会开启一个通往新的业务逻辑的方向，这将会带来
更高的效率和更低的成本。"

"我天生喜欢技术，技术上追求极致，我觉得能把新技术
转化成生产力是很有意思的事情。"严挺对技术方向的判断颇
有前瞻性，对创办的企业在技术领域的布局也是步步为营：
2015 年 9 月，众享比特成为中国密码学会会员，特获中关村
高新技术企业认定；2015 年 11 月，严挺成为中国保密协会隐

私保护专业委员会委员；2016 年 8 月，众享比特成为区块链超级账本会员；2016 年 11 月，众享比特成为数据中心联盟会员；2017 年 1 月，众享比特获得首届中国创新挑战赛（北京赛区）"最佳挑战者奖"；2017 年 12 月，众享比特获得国家高新技术企业认定。

而这仅仅是起步而已。在严挺看来，中关村有几十万家企业，能活下来的可能不到 1%，有的只存在一两年，要能活 8 年、10 年，才能说明站稳了脚跟。

"虽然现在风投开始偏爱技术型公司，有时给的资金足够我们不靠市场也能活一段较长的时间，但我们仍然要去市场上验证自己的技术成果，要想办法去市场上推广应用。一方面给自己信心坚持下去，另一方面要给团队激励，给出更明确的发展方向。当做到在市场上有口碑、有渠道、有客户，才能说自己在一个领域里站稳了脚跟，才不会那么轻易就死掉。"严挺话里话外都是浓浓的危机感，这也是使他在创业道路上能长期保持奔跑姿态的一个重要原因。

**【创业心路】**

# 打不好工的人创业也难成功

严挺

对于极客来说，如果有机会创业，就应该去尝试。因为创业可以有办法做自己想做的事情，而在大企业里，想做自己想做的事情并不那么容易，因为大企业有它自己的进度、节奏、布局。

每个公司都有自己独特的文化，作为打工者一定要去适应这些文化，打工的目标就是在公司整体系统里贡献自己的智慧和力量，和大家一起把事情做好。

我认为，如果打工都打不好，创业也难以成功。因为创业的环境非常恶劣，相比成熟的大公司，初创企业既没有资金，又没有品牌、平台，团队也比较弱小，因此更难做成事情。有的人以为自己打工打不好，创业就能成，我认为这个想法非常有问题，只有打工的时候认真做事，学会如何与同事们配合，学会待人接物，掌握了这些基本的能力，创业才有可能成功。

**【 创业法则 】**

## 创新是极客创业者的利器

作为一名极客创业者，严挺非常讲究技术的创新性，同时他也兼顾用户对新技术的接受程度，针对不同用户提供不同的区块链技术产品，这也是一种创新。例如，针对技术趋于保守的企业，用户可只将区块链技术当作 IT 技术中的一种，一种能够带来以前的 IT 系统前所未有的数据共享和备份功能的技术；而针对乐于技术创新的企业，他们提供将区块链技术配合智能合约，直接切入用户现有的业务逻辑中。在努力给企业用户寻求合适的切入点的同时，众享比特也在研发通用类型的区块链技术产品，方便用户体验区块链技术带来的好处：更高效率，更低成本。

只有懂得创新的企业，才有生存发展的机会。每个成功企业其实都是源于一系列的创新，创新不仅仅体现在产品本身的创新，也体现在销售渠道、推广方式、企业组织形式等许多方面。

【人物档案】 ♀ 严挺

　　严挺，北京众享比特科技有限公司创始人兼 CEO，国家科技专家库在库专家。曾任亚信科技有限公司投资创办的北京玛赛网络科技有限公司 CEO、原深圳市怡亚通商贸有限公司执行副总裁、原北京东方开元信息科技有限责任公司执行副总裁、大众点评网首席系统专家等。